Klara Kirschbaum

Lapbooks: Weltreligionen

Praktische Hinweise und Gestaltungsvorlagen für Klappbücher rund um die Religionen der Welt

Klara Kirschbaum studierte in Karlsruhe Lehramt für die Grundschule mit den Fächern Deutsch, Religion und Sachunterricht. Sie absolvierte das Referendariat an einer Grundschule in Köln und arbeitet seitdem in Hamburg.

Wir verwenden in unseren Werken eine genderneutrale Sprache, damit sich alle gleichermaßen angesprochen fühlen. Wenn keine neutrale Formulierung möglich ist, nennen wir die weibliche und die männliche Form. In Fällen, in denen wir aufgrund einer besseren Lesbarkeit nur ein Geschlecht nennen können, achten wir darauf, den unterschiedlichen Geschlechtsidentitäten gleichermaßen gerecht zu werden.

In diesem Werk sind nach dem MarkenG geschützte Marken und sonstige Kennzeichen für eine bessere Lesbarkeit nicht besonders kenntlich gemacht. Es kann also aus dem Fehlen eines entsprechenden Hinweises nicht geschlossen werden, dass es sich um einen freien Warennamen handelt.

3. Auflage 2025

AAP Lehrerwelt GmbH
Veritaskai 3
21079 Hamburg
Telefon: +49 (0) 40325083-040
E-Mail: info@lehrerwelt.de
Geschäftsführung: Andrea Fischer, Sandra Saghbazarian
USt-ID: DE 173 77 61 42
Register: AG Hamburg HRB/126335

Autorschaft:	Klara Kirschbaum
Covergestaltung:	TSA&B Werbeagentur GmbH, Hamburg
Coverfotos:	Kinder © EKKAPON – stock.adobe.com; Foto Lapbook und Bastelarbeit © Redaktion PERSEN Verlag
Illustrationen:	Wibke Brandes (Hauptillustratorin); Gisela Fuhrmann (hebräisches Alphabet S. 15, Synagoge S. 6, 7, 9, 78, Altar S. 23, 79, Bibel S. 23, 34, Kirche S. 23, 24, 26, 79, Pfarrer S. 23, Moschee Innenraum S. 43, Koran S. 41, 80, Imam S. 41, Illustrationen der Geschichte von Buddha S. 58, Buddha S. 55, 56, 59, 64, 81, achtfacher Pfad S. 55, 60, 64, 81, buddhistischer Tempel S. 55, 57, 64, 81, Stupa S. 55, 64, 81, Ganesha S. 65, 82); Petra Lefin (brennender Dornenbusch S. 19, Illustrationen der Geschichte von Abraham und Sara S. 17, der Geschichte von Mose S. 18, der Geschichte Jesu S. 31, Jesuskind in Krippe S. 79); Stefan Lucas (Mekka mit Kaaba S. 41, 42, 80); Nataly Meenen (Mandala S. 62); Satzpunkt Ursula Ewert GmbH (Pikto Krone, Pikto Musterbeutelklammer, Bastelvorlagen)
Satz:	Satzpunkt Ursula Ewert GmbH, Bayreuth
Druck und Bindung:	Druckerei Joh. Walch GmbH & Co KG, Augsburg

ISBN/Bestellnummer: 978-3-403-20555-5
www.persen.de

Was sind Lapbooks?[1]

Ein Lapbook ist ein Klappbuch, eine kleine Mappe, die sich mehrfach ausklappen lässt und von den Kindern individuell gestaltet und ausgestattet werden kann. So passen zum Beispiel kleine Taschen, Faltbücher, Klapphefte, Drehscheiben, Leporellos, Bilder u. v. m. hinein. Durch das Gestalten ihres Klappbuchs können die Schüler[2] ihre Lernergebnisse durch Basteln, Schreiben und Ausarbeiten festhalten. Dies geschieht auf eine motivierende, kreative Weise und alle erzielen dabei ein eigenes Ergebnis. Jedes Lapbook ist individuell, keines sieht aus wie das andere. Die Kinder entscheiden selbstständig, wie sie mit erarbeiteten Informationen umgehen, und bringen dabei unterschiedliche Aspekte schriftlich und gestalterisch in ihr Buch ein.

Einsatz von Lapbooks im Unterricht

Lapbooks können in nahezu allen Fächern eingesetzt werden. Zusätzlich zum Religionsunterricht bieten sie sich zum Beispiel zu Themen des Deutsch- (Lektüre, Bilderbuch, Gedichte ...), Mathematik- (Addition, Subtraktion, Wahrscheinlichkeit ...), Kunst- (Künstler, Themen, Epochen ...) und Sachunterrichts (Römer, Wetter, Igel ...) an.
Im PERSEN Verlag sind bereits zahlreiche Lapbooks für verschiedene Fächer erschienen.

Zielsetzung

Die Kinder
- setzen sich intensiv mit dem Thema auseinander,
- verschaffen sich selbstständig Informationen,
- arbeiten individuell,
- arbeiten in Einzel-, Partner- oder Gruppenarbeit zusammen,
- dokumentieren und präsentieren ihre Ergebnisse,
- lernen und wiederholen die Inhalte.

Material

Bedingung für die Arbeit mit Lapbooks ist eine Vielfalt an Materialien. Ausgelegt werden sollten:
- Tonpapier, Tonkarton und farbiges Papier
- Lapbook-Vorlagen (mehrfach kopiert)
- kopierte Infokarten zu den Themen
- Musterklammern
- Klebestifte
- Stifte
- Scheren

Zur vertiefenden Themenrecherche sind außerdem ein PC mit Internetzugang sowie Lexika, Sachbücher, Zeitschriften, ausgedruckte Fotos etc. sinnvoll.

Vorgehen

Je nachdem, ob und wie Sie das vorliegende Material nutzen und erweitern möchten, sollte für jedes Kind am besten ein DIN-A3-Bogen Pappe oder festeres Papier zur Verfügung stehen.
Das DIN-A4-Format ist auch möglich, doch dann fallen die Lapbooks recht klein aus und die Kopiervorlagen müssen angepasst werden. Die Seiten des in Querformat gelegten Pappbogens werden zur Mitte hin umgeklappt, sodass ein aufklappbares Buch entsteht (siehe Abbildung auf der folgenden Seite). Nach oben und unten kann diese Grundform durch weitere klappbare Elemente erweitert werden.
In dieses Buch hinein basteln und gestalten die Kinder nun mit verschiedenen Elementen zum jeweiligen Thema. Das Deckblatt können sie frei gestalten oder Sie stellen den Kindern eine Vorlage zur Verfügung.

Differenzierung

Lapbooks bieten eine gute Möglichkeit zur Differenzierung, da jedes Kind sein Lapbook eigenständig und nach eigenen Vorstellungen, Fähigkeiten und Fertigkeiten gestaltet; auch die konkreten Inhalte kann es selbst bestimmen. Weiterhin gibt es sowohl einfache Vorlagen, die im Grunde nur ausgeschnitten werden müssen, als auch solche, die mit relativ viel Inhalt gefüllt werden können. Besonders die Blankovorlagen geben

[1] Vgl. Klara Kirschbaum: Lapbooks im Sachunterricht – 3./4. Klasse, PERSEN Verlag, AAP Lehrerfachverlage GmbH, Hamburg 2017

[2] Wir sprechen hier wegen der besseren Lesbarkeit von Schülern bzw. Lehrern in der verallgemeinernden Form. Selbstverständlich sind auch alle Schülerinnen und Lehrerinnen gemeint.

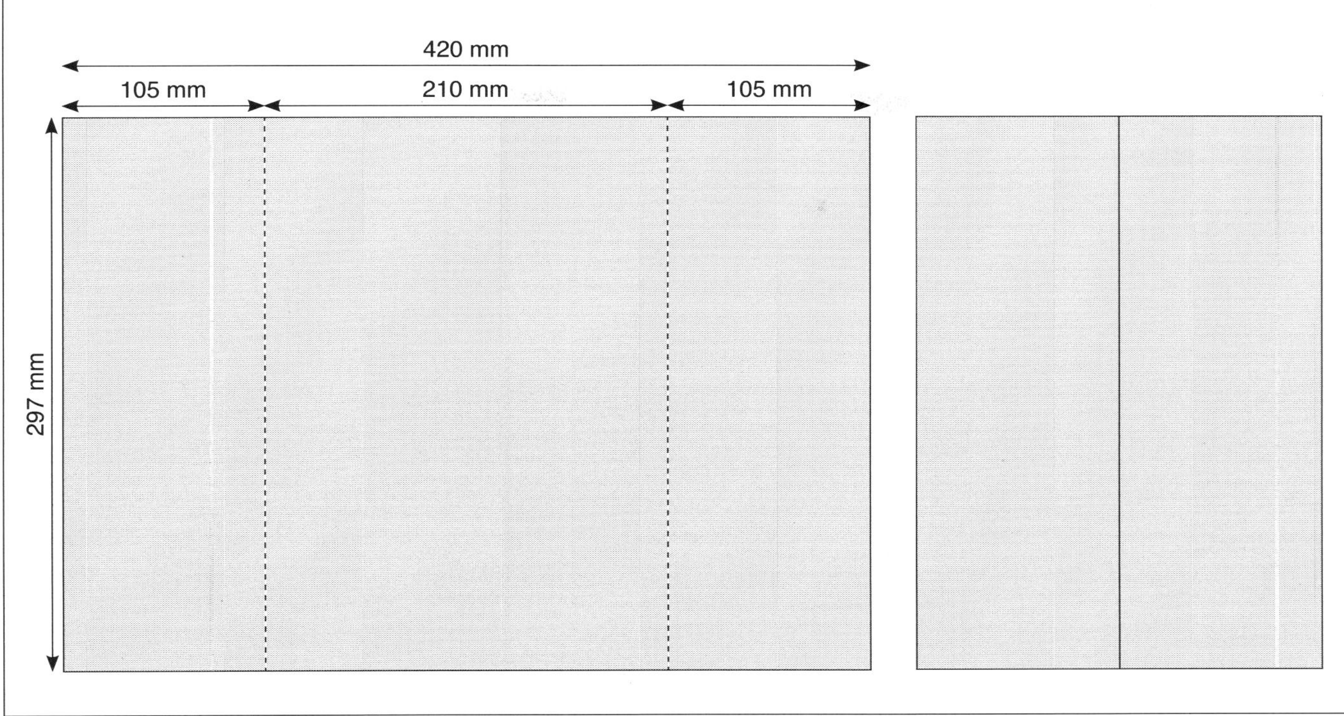

leistungsstarken Kindern die Möglichkeit, noch weitere Inhalte zu recherchieren und zu präsentieren. Teilweise werden dazu Anregungen in den Krönchenaufgaben gegeben. Des Weiteren bieten sich Lapbooks für Partner- oder Gruppenarbeiten an und sind somit besonders für inklusiv arbeitende Klassen geeignet.

Kinder haben Freude daran, ihre fertigen Lapbooks der Klasse zu präsentieren, und sie wiederholen dadurch ganz nebenbei die Lerninhalte. Jedes Lapbook sieht anders aus und zeigt somit ein individuelles Lernergebnis, was die Präsentation und Besprechung mit der Klasse besonders abwechslungsreich und spannend macht.

Bewertung

Die Kinder erarbeiten sich die Inhalte des Themas selbstständig. Parallel zum Unterrichtsverlauf bietet es sich an, eine Tabelle anzulegen, die als eine Art Bewertungsraster verwendet werden kann. Ein Beispiel finden Sie auf Seite 77. Die fertigen Klappbücher können nach den Präsentationen eingesammelt und von der Lehrkraft als Portfolio der Arbeit genutzt werden.

Klassenstufen

In jüngeren Jahrgängen bietet sich eine behutsame Heranführung an die Arbeit mit Lapbooks an. Zu Beginn jeder Stunde können die Kinder mithilfe ihres Lapbooks die erarbeiteten Inhalte wiederholen. Eventuell kann in jeder Stunde eine kleine Anzahl an Lapbook-Elementen bereitgestellt werden. Dann werden die Aufgaben Schritt für Schritt erweitert – und somit entwickelt sich das Klappbuch im Laufe einer Unterrichtseinheit.

Zudem sollten in den Klassen 1 und 2 noch stärkere Vorgaben gemacht und konkrete Aufgabenstellungen formuliert werden; auch die (Sach-)Informationen werden von der Lehrkraft vorgegeben. Je mehr die Kinder mit der Methode Lapbook vertraut sind, desto freier können sie sich ein Thema erarbeiten, bis sie irgendwann nur noch Blankovorlagen erhalten und sich das Thema ganz eigenständig erarbeiten.

Grundsätzlich richtet sich die Vorgehensweise in höheren Klassen danach, über welche Erfahrungen die Kinder verfügen und ob sie sich selbstständig Informationen besorgen können (mithilfe von Büchern oder dem Internet).

 Male die Vorlagen für das Deckblatt an und schreibe deinen Namen auf die Linien.

 Schneide die Vorlagen aus.

 Klebe sie auf dein Lapbook.

Das Judentum

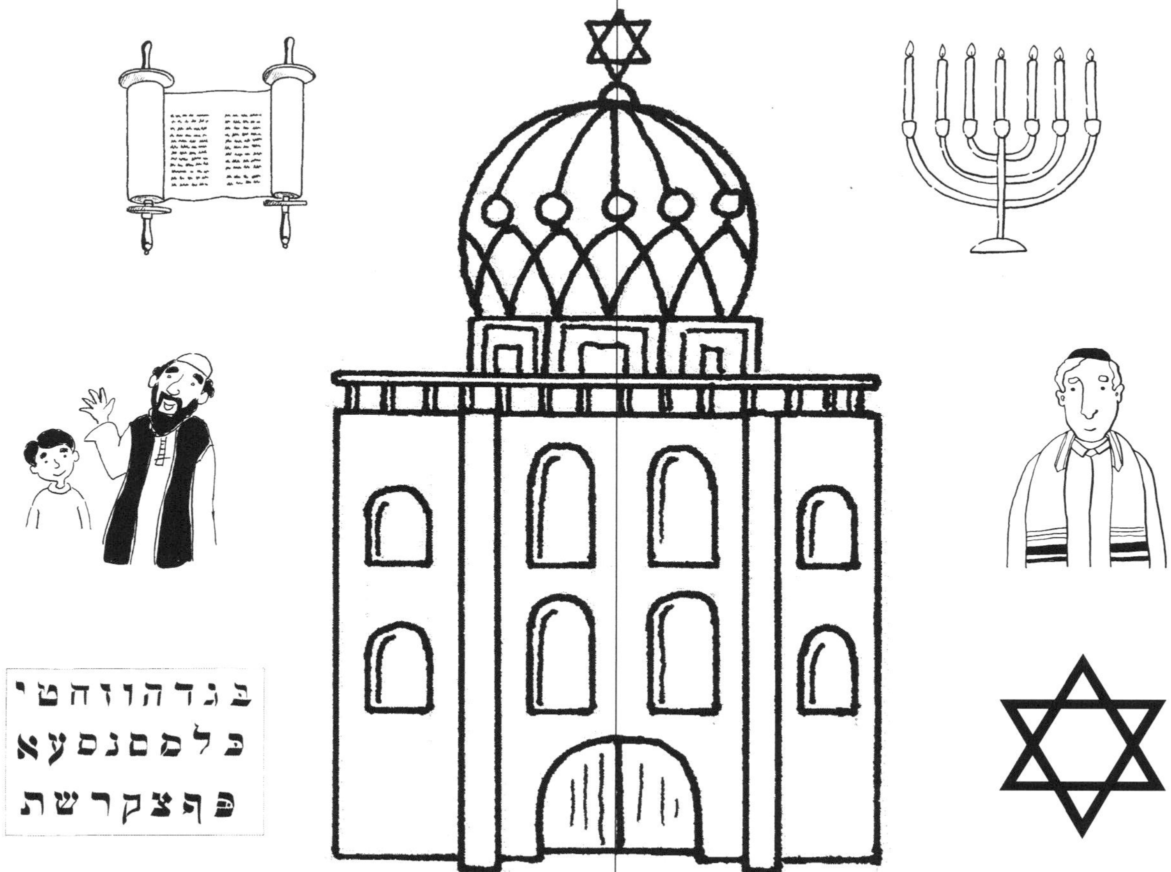

Dieses Lapbook gehört:

____

____

Die Synagoge

Die Synagoge ist das Gotteshaus der Juden und bedeutet „Haus der Zusammenkunft".
Hier trifft sich die Gemeinde zum Lernen, zum Gebet und zum Feiern. Die Gebäude können sehr unterschiedlich aussehen, aber sie haben eins gemeinsam: Sie sind immer in Richtung Jerusalem ausgerichtet.

Spezielle Gegenstände findest du im inneren der Synagoge, im Gebetsraum. Die **Torarollen** werden in einem **Toraschrein** aufbewahrt. Der Schrein befindet sich an der Seite, die Richtung Jerusalem zeigt, und ist von einem Vorhang verhüllt.

An einem großen Tisch, der **Birna**, werden die Torarollen während des Gottesdienstes verlesen. Die männlichen Besucher in einer Synagoge tragen eine Kopfbedeckung: die **Kippa**. Der **Tallit** ist ein rechteckiger Gebetsmantel aus Wolle, Baumwolle oder Seide. Er wird von jüdischen Männern zum Morgengebet getragen. Die Gelehrten und religiösen Lehrer der Gemeinde werden Rabbiner (Rabbi) genannt. In jeder Synagoge ist die **Menora**, ein siebenarmiger Leuchter (Menora = Leuchter), zu finden.

Der **Davidstern** ist ein Symbol für das Judentum. Er zeigt zwei verflochtene Dreiecke, die untrennbar verbunden sind. Damit wird die Verbundenheit der Juden mit Gott gezeigt.

Jüdische Feste

Das Jahr der Juden beginnt im September/Oktober. Im Laufe des Jahres feiern die Juden viele religiöse Feste.

Das Laubhüttenfest **Sukkot** erinnert an den Auszug aus Ägypten und die 40-jährige Wanderung durch die Wüste. Die Juden lebten in dieser Zeit in einfachen Zelten. Das Fest dauert sieben Tage und noch heute wollen sich die Juden darüber bewusst werden, dass Gottes Schutz viel bedeutsamer ist als der Schutz eines Hauses.

Das Fest **Chanukka** erinnert an ein Wunder. Im Tempel von Jerusalem wurde vor mehr als 2000 Jahren geweihtes Öl für den Tempelleuchter gebraucht. Das vorhandene Öl reichte nur für einen einzigen Tag, aber wie durch ein Wunder brannten die Lichter am Chanukkaleuchter acht Tage lang. Heute wird das Fest acht Tage lang gefeiert und jeden Tag wird ein Licht am Leuchter angezündet.

Das **Pessachfest** ist eines der wichtigsten Feste im Judentum und erinnert an das Ende der Sklaverei und den Auszug der Israeliten aus Ägypten. Am ersten Abend, dem Seder-Abend, wird ungesäuertes Brot (Mazze) gereicht. Das Fest dauert sieben Tage, in denen ein besonderer Speiseplan gilt.

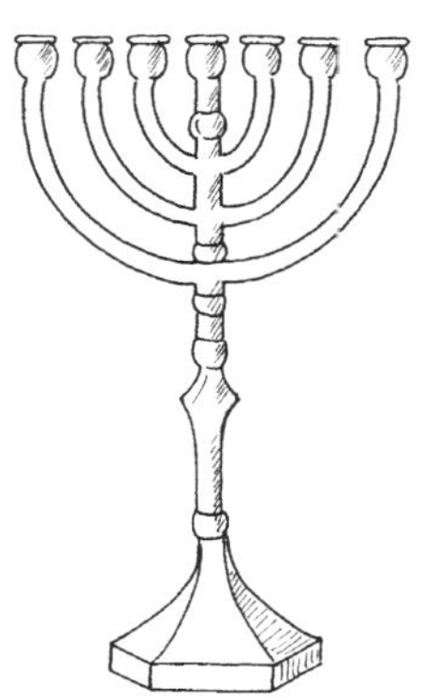

Der **Sabbat** wird jede Woche gefeiert. Er erinnert daran, dass Gott, nachdem er die Welt in sechs Tagen erschuf, am siebten Tag ruhte. Am Sabbat ist jede Arbeit verboten, die Menschen sollen sich ausruhen. Der siebte Tag der Woche ist für die Juden der Samstag. Der Feiertag beginnt bereits mit dem Freitagabend.

Lies die Lesekarte „Die Synagoge“.

Schneide die Vorlage „Synagoge“ (Seite 9) aus.

Falte sie.
Falte dann die Vorlage wieder auseinander.

Schneide das Bild „Innenraum Synagoge“ aus.

Klebe es in die Vorlage „Synagoge“.

Schneide die Wortkarten zum Innenraum aus.

Klebe sie an die richtigen Stellen im Innenraum.

Falte die Form wieder zusammen und klebe sie auf dein Lapbook.

Schreibe die Überschrift „Die Synagoge“ dazu.

Vorlage Innenraum Synagoge

Torarolle	Menora
Toraschrein	Kippa
Tallit	Bima
Davidstern	

Vorlage Synagoge

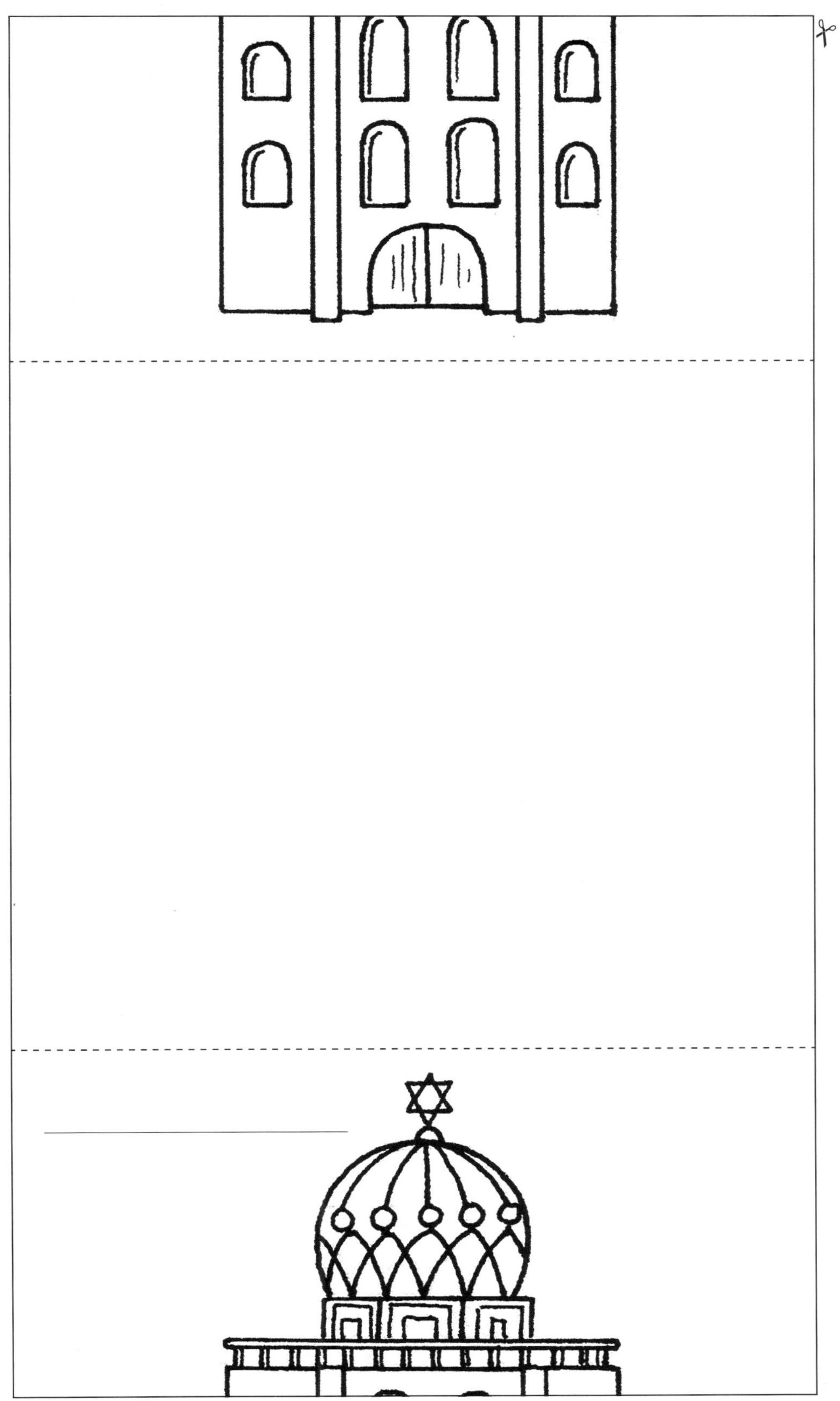

 **Schneide die Vorlagen und Textkarten aus.**

 **Lies die Textkarten.**
Welcher Text gehört zu welchem Bild?

 **Klebe die Textkarten an die richtige Stelle.**

 **Falte die Formen und klebe sie auf dein Lapbook.**

Schreibe die Überschrift „In der Synagoge“ neben die Formen.

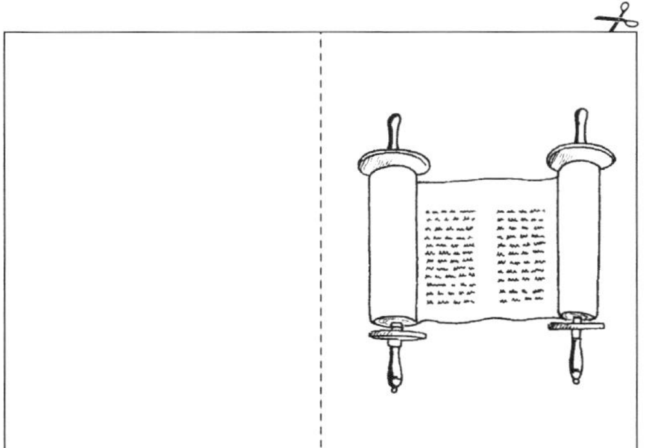

Die Tora ist eine Rolle aus Pergamentblättern. Sie ist in hebräischer Sprache geschrieben. Die Tora enthält die fünf Bücher Mose.

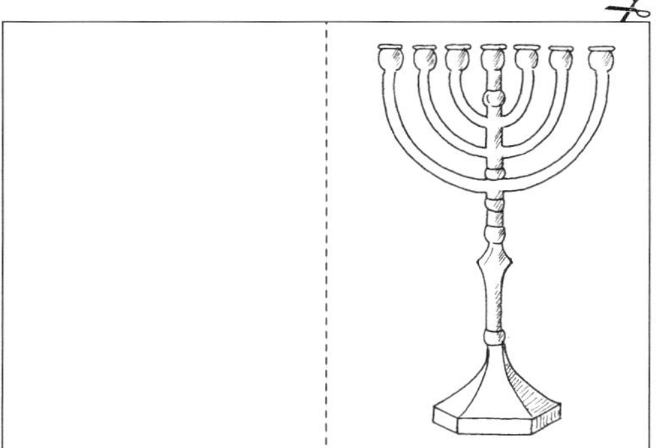

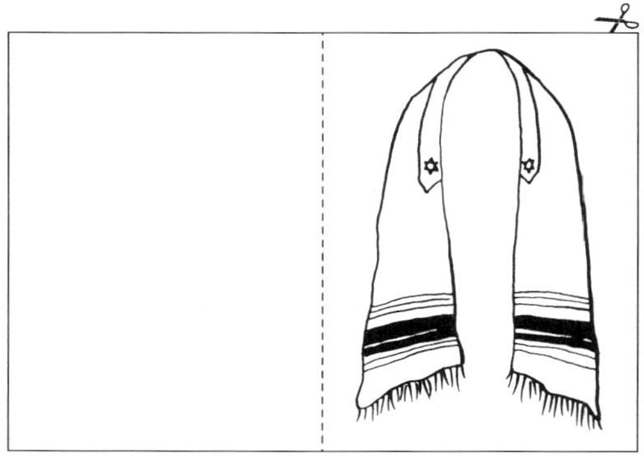

Die männlichen Besucher in einer Synagoge tragen eine Kopfbedeckung: die Kippa. Die Männer zeigen damit ihre Ehrfurcht und Bescheidenheit vor Gott.

Die Menora ist ein siebenarmiger Leuchter (Menora = Leuchter). Er ist in jeder Synagoge zu finden. Der Leuchter ist ein Symbol für die Zuversicht.

Der Tallit ist ein rechteckiger Gebetsmantel aus Wolle, Baumwolle oder Seide. Er wird von jüdischen Männern zum Morgengebet getragen.

Die Gelehrten und religiösen Lehrer der Gemeinde werden Rabbiner (Rabbi) genannt.

Die Torarollen werden im Toraschrein aufbewahrt.

Gott – der Einzige

Nach der Überzeugung der Juden gibt es nur einen Gott. Dieser hat allein das Universum für die Menschen erschaffen. Er lenkt die Welt und ist mächtig, groß und immer da. Er bestraft und belohnt die Menschen und kennt all ihre Geheimnisse. Er hat das jüdische Volk auserwählt, damit es den Glauben an einen einzigen Gott verbreiten kann. Er schloss dazu einen Bund mit Abraham. Abraham ist der Vater des jüdischen Volkes. Gott offenbarte Mose seine Lehre.
Juden sprechen den Namen Gottes aus Ehrfurcht nicht aus. „Der Ewige“ oder „Adonai“ nennen sie ihn. Dies bedeutet „mein Herr“. In der Tora lautet der Name Gottes „JHWH“ oder „Jahwe“. Er bedeutet „Ich werde sein, der ich sein werde“ und zeigt, dass Gott jederzeit da ist. Gott hat in der hebräischen Bibel aber noch viele andere Namen: der Hirte, der Vater, mein Fels (in Psalmen) oder Elohim (Gott ist Gott über alle Götter).

 **Lies den Text „Gott – der Einzige“.**

 **Schneide die Vorlage aus.**
Drehe sie um, sodass die Schrift auf der Rückseite ist.
Die kurze Lasche muss unten sein.

 **Wie nennen Juden Gott?**
An welchen Gott glauben Juden?
Schreibe es in die Mitte.

 **Falte zuerst die größere Lasche nach unten und dann die kleinere Lasche nach oben. Klebe die Vorlage auf dein Lapbook.**

 **Lies die Lesekarte „Jüdische Feste".**

 **Schneide die Vorlagen aus.**

 **Klebe die Wortkarten in die Mitte des Kreises.**

 **Schreibe passende Texte zu den Festen.
Setze die Kreise richtig zusammen.**

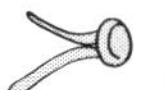 **Hefte die Kreise mit einer Musterbeutelklammer auf dein Lapbook.**

 **Für Judentum-Experten: Welche Feste gibt es im Judentum noch?
Forsche dazu im Internet und schreibe es neben den Kreis auf dein Lapbook.**

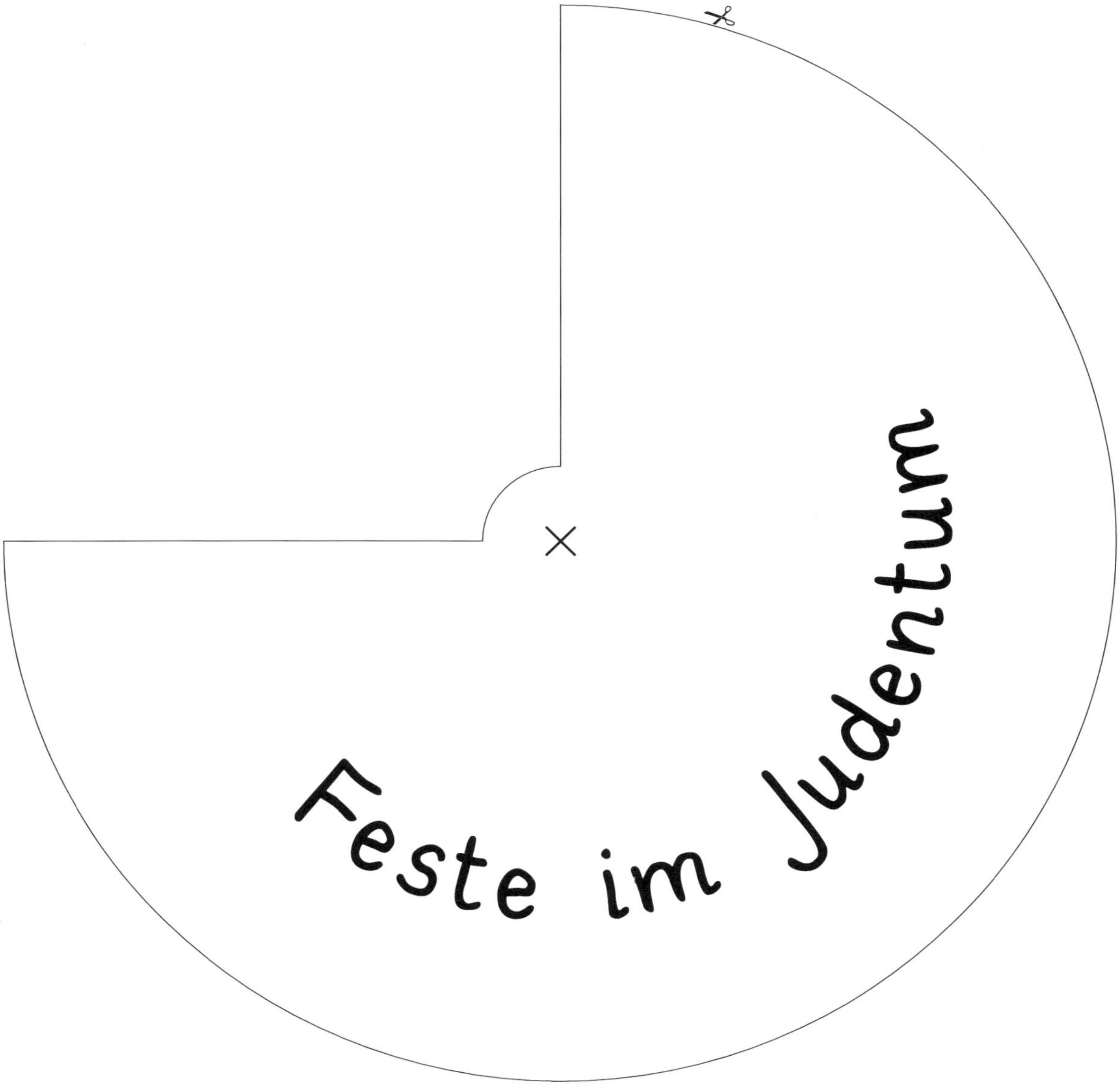

Feste im Judentum

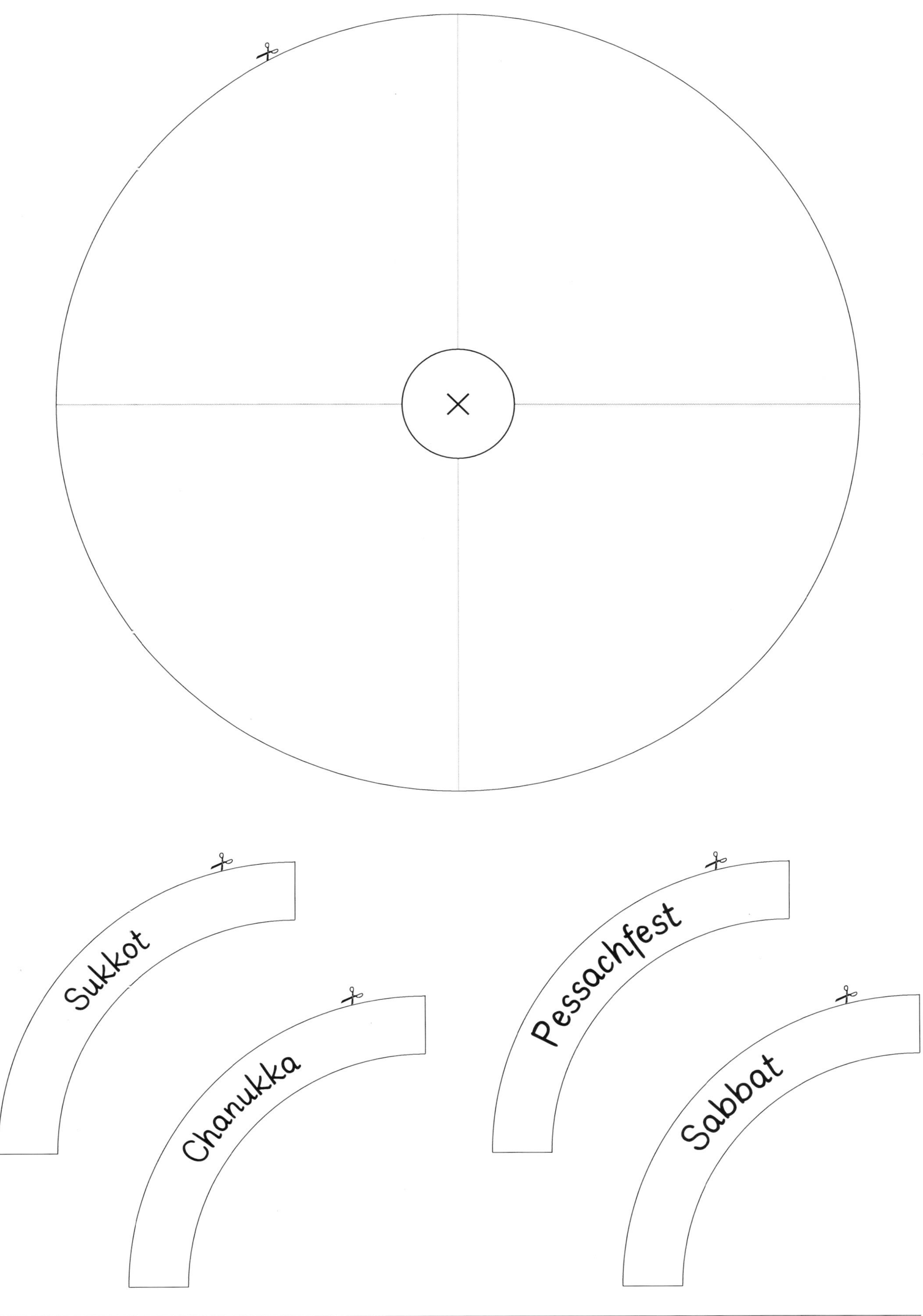
Sukkot
Chanukka
Pessachfest
Sabbat

 **Lies den Text „Die Tora".**

 **Schneide die Vorlage aus.**

 **Aus welchen Teilen besteht die heilige Schrift?
Welcher Teil ist der wichtigste Teil? Aus welchen Büchern besteht er?
Schreibe es auf die Innenseite der Vorlage.**

 **Falte die Vorlage und klebe sie auf dein Lapbook.**

Die Tora

So wie im Christentum die Bibel, haben auch die Juden eine heilige Schrift. Sie besteht aus drei Teilen und ist in Hebräisch geschrieben: Tora (Pentateuch), Nebiim (Propheten) und Chetubim (Schriften). Der wichtigste Teil für die Juden ist die Tora. Sie ist auf eine Schriftrolle geschrieben und wird in einem Schrein aufbewahrt. Die Tora besteht aus den fünf Büchern Mose, die auch bei den Christen im Alten Testament stehen.

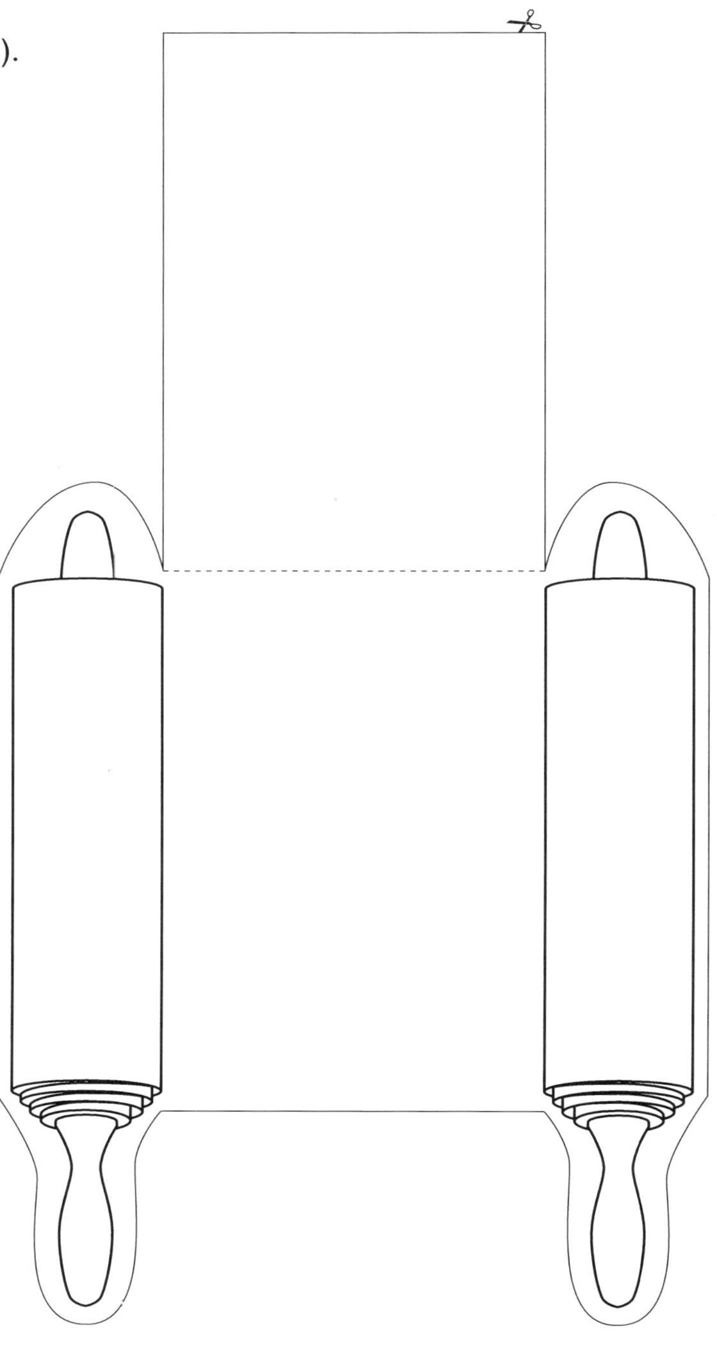

Die Tora ist in hebräischer Schrift geschrieben.

 **Schreibe deinen Namen in Hebräisch auf das Lapbook.**

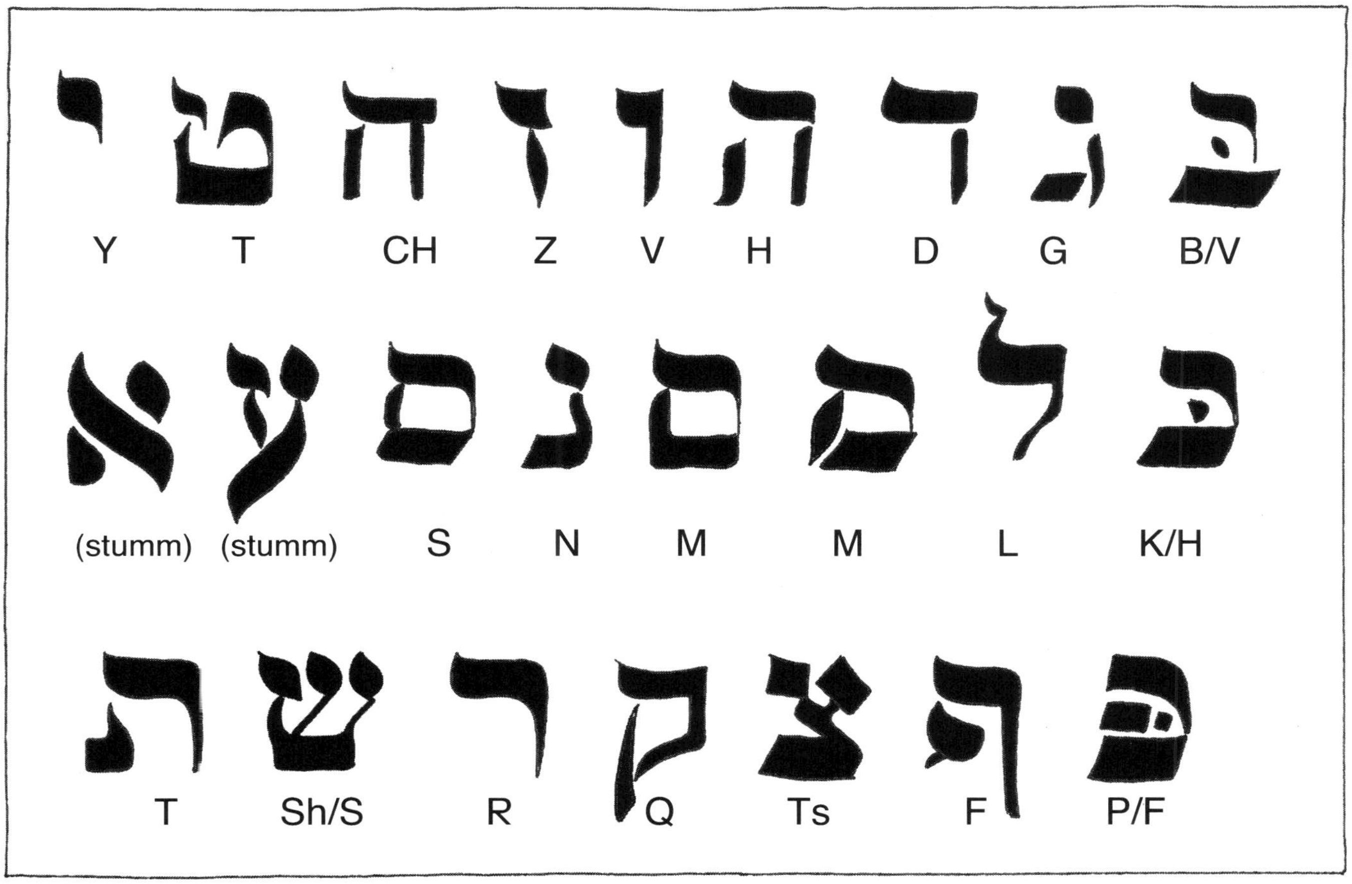

י	ט	ח	ז	ו	ה	ד	ג	בּ
Y	T	CH	Z	V	H	D	G	B/V
א	ע	ס	נ	ם	מ	ל	כּ	
(stumm)	(stumm)	S	N	M	M	L	K/H	
ת	ש	ר	ק	צ	ף	פּ		
T	Sh/S	R	Q	Ts	F	P/F		

Info
Denke daran: In Hebräisch schreibt man von rechts nach links!
A, E, I, O und U fehlen in der hebräischen Schrift. Wenn dein Name einen dieser Buchstaben enthält, lasse ihn weg.

Eine große Bedeutung im Judentum haben die drei Stammväter Abraham, Isaak und Jakob. Der Sohn von Abraham und seiner Frau Sara war Isaak. Isaak heiratete Rebekka. Sie bekamen die Zwillinge Jakob und Esau. Jakob wurde von Gott gesegnet und bekam den Namen „Israel“ von ihm. Dies bedeutet „der für Gott streitet“. Aus Jakobs 12 Söhnen gingen die 12 Stämme Israels hervor.

 **Lies die Geschichte von Abraham im Alten Testament der Bibel oder in der Tora.**

 **Schreibe passende Sätze unter die Bilder.**

Warum werden Abraham, Isaak und Jakob Stammesväter genannt?

 **Schreibe es auf die Vorlage des Wickelbuchs.**

 **Schneide das Wickelbuch aus.**

 **Falte es und klebe es auf dein Lapbook.**
So faltest du das Wickelbuch: Beginne in der rechten unteren Ecke und falte die Felder wie einen Faden, der auf ein Knäuel aufgewickelt wird. Mache an den Ecken im selben Rhythmus weiter.

 **Gestalte ein Deckblatt.**

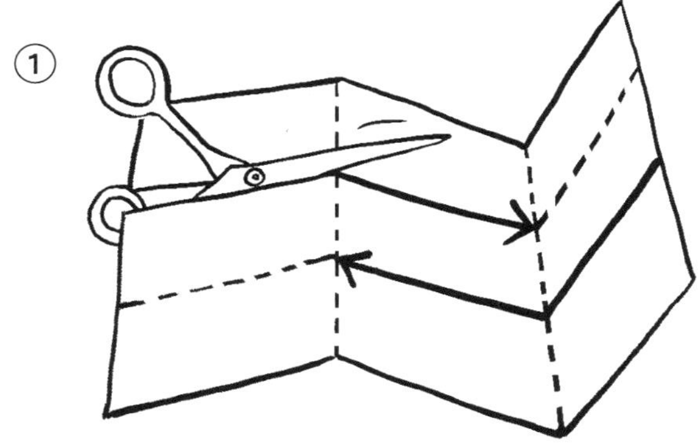

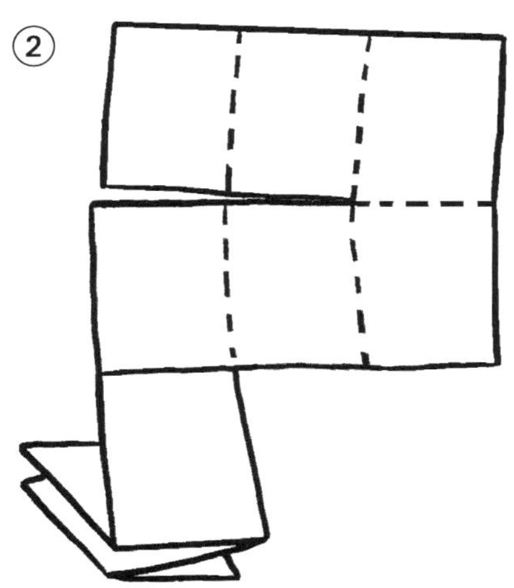

Abraham und Sara

Nicht nur für das Judentum, auch für das Christentum und den Islam ist Mose ein sehr wichtiger Mann. Denn er ist der einzige Mensch, der Gott direkt begegnet ist.

 **Lies die Geschichte von Mose im Alten Testament der Bibel oder in der Tora.**

 **Schneide das Leporello aus.**

 **Schreibe zu jedem Bild einen passenden Satz.**

 **Klebe das Leporello zusammen und falte es.**
Klebe dann das Leporello in dein Lapbook.

Klebefläche

Klebefläche

Mose wächst im Palast auf. Als er sieht, wie schlecht die Israeliten behandelt werden, wird er wütend und erschlägt einen Aufseher. Mose muss fliehen. Er flieht nach Midian und hütet dort Schafe. Er ist nun ein Hirte und heiratet Zippora.

Am Berg Sinai sieht Mose eines Tages einen brennenden Dornbusch. Er brennt, verbrennt aber nicht. Gott spricht aus dem Busch zu Mose. Mose soll sein Volk aus Ägypten holen. Mose fragt Gott nach seinem Namen. Gott antwortet: „Ich bin der ‚Ich-bin-da'."

 **Schneide die Vorlagen aus.**
Schneide den Steg der Karte nach der Vorgabe ein.
Falte die Karte.

 **Klebe den Dornenbusch auf den Steg.**

 **Beantworte die Fragen. Schreibe die Antworten in die Karte.**

1. Mose fragt Gott nach seinem Namen. Was antwortet Gott?
2. Gott ist immer für Mose da. In welchen Teilen der Mose-Geschichte ist Gott da? Beende den Satz.

   Gott ist bei Mose und seinem Volk …
3. Mose geht zurück nach Ägypten und denkt über Gott nach. Was hat er über ihn erfahren? Schreibe seine Gedanken auf.
4. Warst du auch schon mal mutig und musstest eine schwierige Aufgabe schaffen?

  **Gestalte das Deckblatt und klebe die Karte auf dein Lapbook.**

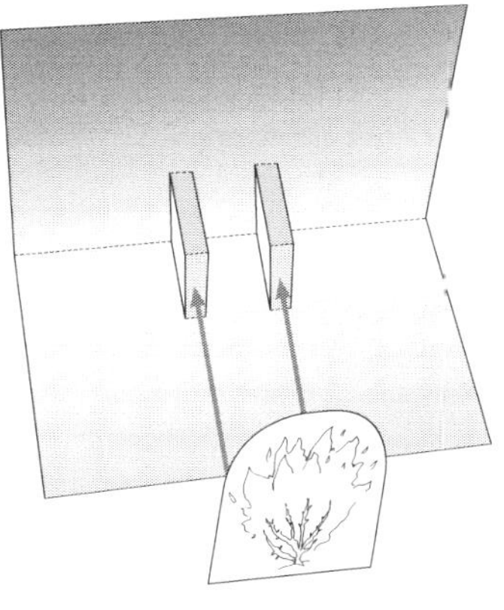

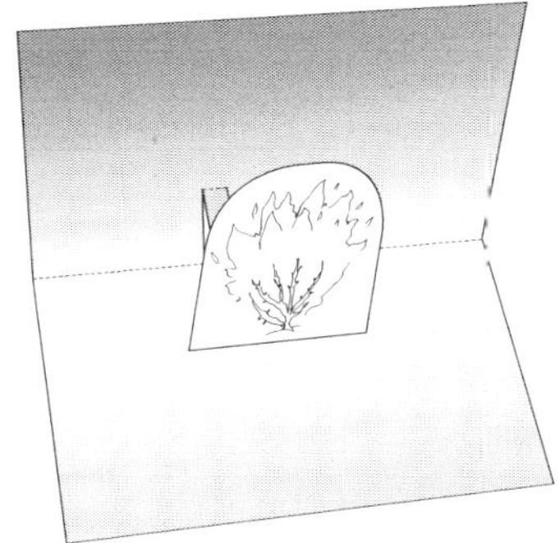

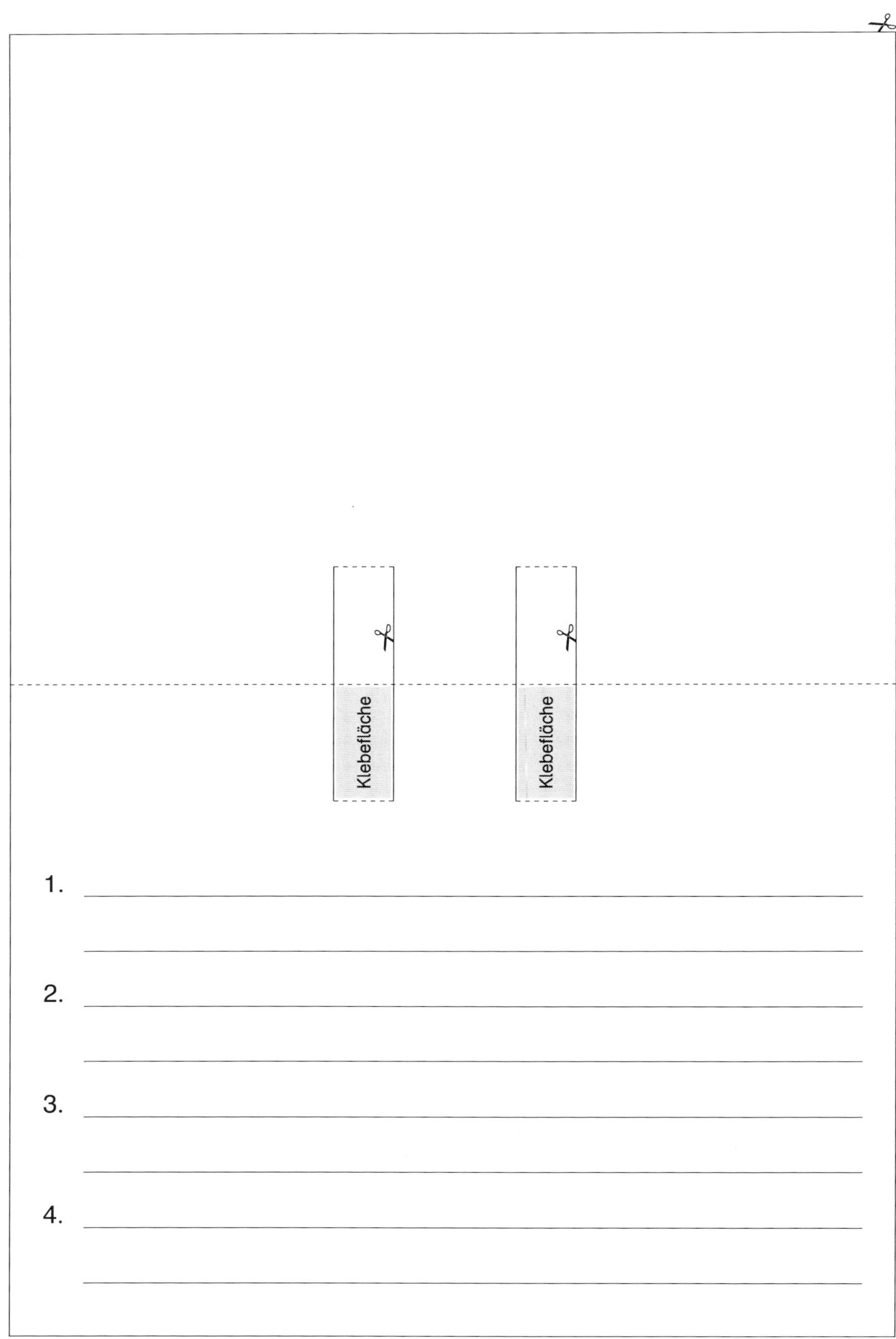
Klebefläche
Klebefläche
1.
2.
3.
4.

Schneide die Vorlage und die Textstreifen aus.
Ordne die Gebote in der richtigen Reihenfolge.
Schaue dazu in der Bibel nach unter: 2. Buch Mose (Exodus) 20,1.

Klebe die Gebote in die Mitte der Tafel.

Welche Regeln kennst du von zu Hause oder aus der Schule?
Schreibe sie auf den rechten Flügel der Vorlage.
Welche drei Gebote findest du besonders wichtig?
Schreibe sie auf den linken Flügel der Vorlage.

Falte die Vorlage und klebe sie auf dein Lapbook.

Schreibe die Überschrift „Die zehn Gebote" auf die Vorderseite der Form.

Du sollst den Namen Gottes nicht missbrauchen.	Du sollst nicht andere Götter haben neben mir.
Du sollst dir kein Bildnis von Gott machen.	Du sollst deinen Vater und deine Mutter ehren.
Du sollst nicht stehlen.	Du sollst den Feiertag heiligen.
Du sollst nicht lügen.	Du sollst nicht ehebrechen.
Du sollst nicht töten.	Du sollst nicht begehren deines Nächsten Hab und Gut.

Der Davidstern ist ein Symbol für das Judentum. Er zeigt zwei verflochtene Dreiecke, die untrennbar verbunden sind. Damit wird die Verbundenheit der Juden mit Gott gezeigt.

Schneide die Dreiecke aus.
Mische sie. Lege sie richtig zusammen.

Klebe den Stern auf dein Lapbook.

Welche Bedeutung haben die Ecken des Sterns?
Forsche dazu im Internet. Schreibe es neben den Stern auf dein Lapbook.

Tipp: Du kannst hier schauen: https://www.religionen-entdecken.de/lexikon/d/davidstern

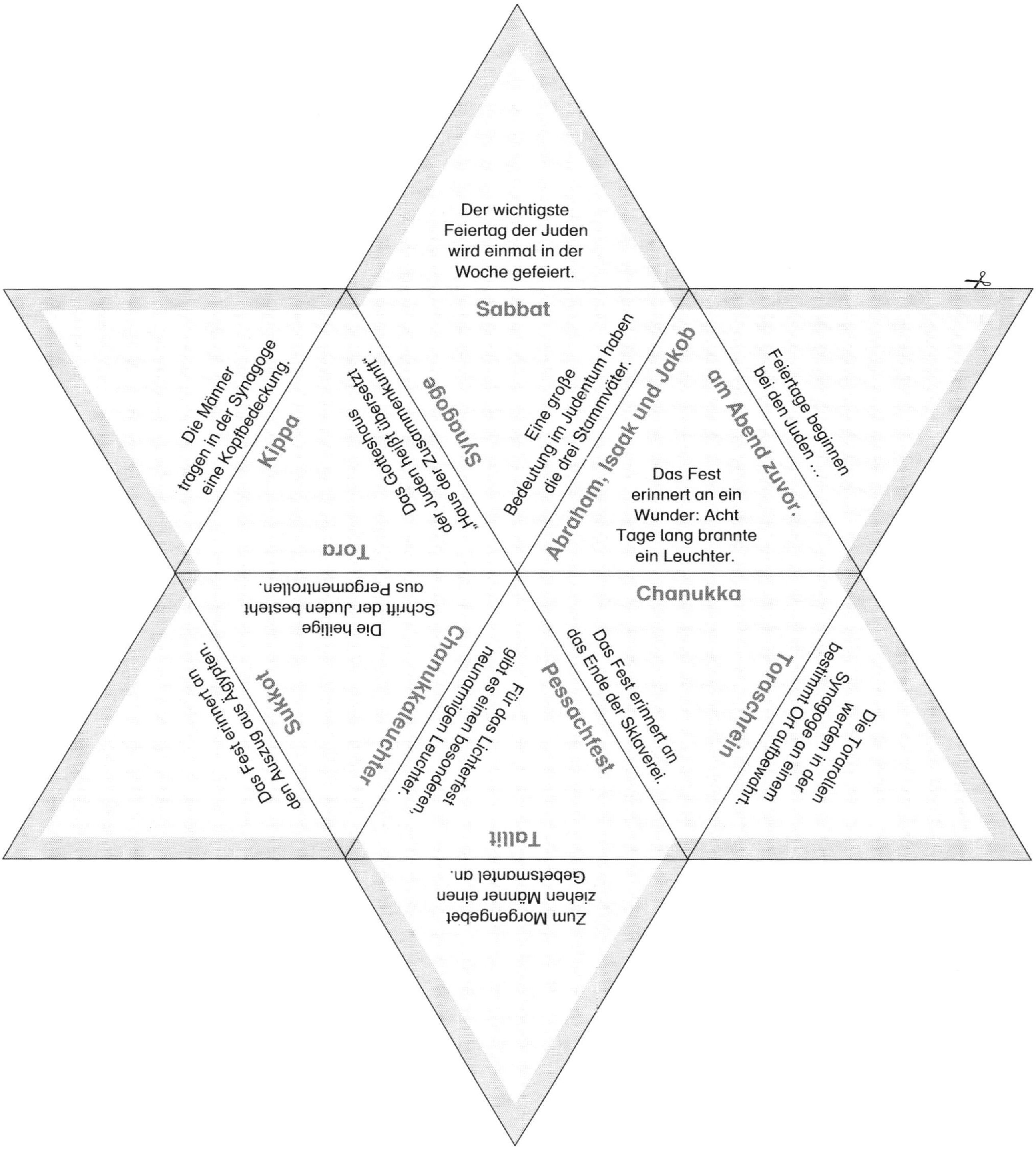

Der wichtigste Feiertag der Juden wird einmal in der Woche gefeiert.

Sabbat

Die Männer tragen in der Synagoge eine Kopfbedeckung.

Kippa

Das Gotteshaus der Juden heißt übersetzt „Haus der Zusammenkunft".

Synagoge

Eine große Bedeutung im Judentum haben die drei Stammväter.

Abraham, Isaak und Jakob

Feiertage beginnen bei den Juden …

am Abend zuvor.

Das Fest erinnert an ein Wunder: Acht Tage lang brannte ein Leuchter.

Chanukka

Tora

Die heilige Schrift der Juden besteht aus Pergamentrollen.

Das Fest erinnert an den Auszug aus Ägypten.

Sukkot

Chanukkaleuchter

Für das Lichterfest gibt es einen besonderen, neunarmigen Leuchter.

Das Fest erinnert an das Ende der Sklaverei.

Pessachfest

Die Torarollen werden in der Synagoge an einem bestimmt Ort aufbewahrt.

Toraschrein

Tallit

Zum Morgengebet ziehen Männer einen Gebetsmantel an.

 **Male die Vorlagen für das Deckblatt an und schreibe deinen Namen auf die Linien.**

 **Schneide die Vorlagen aus.**

 **Klebe sie auf dein Lapbook.**

Das Christentum

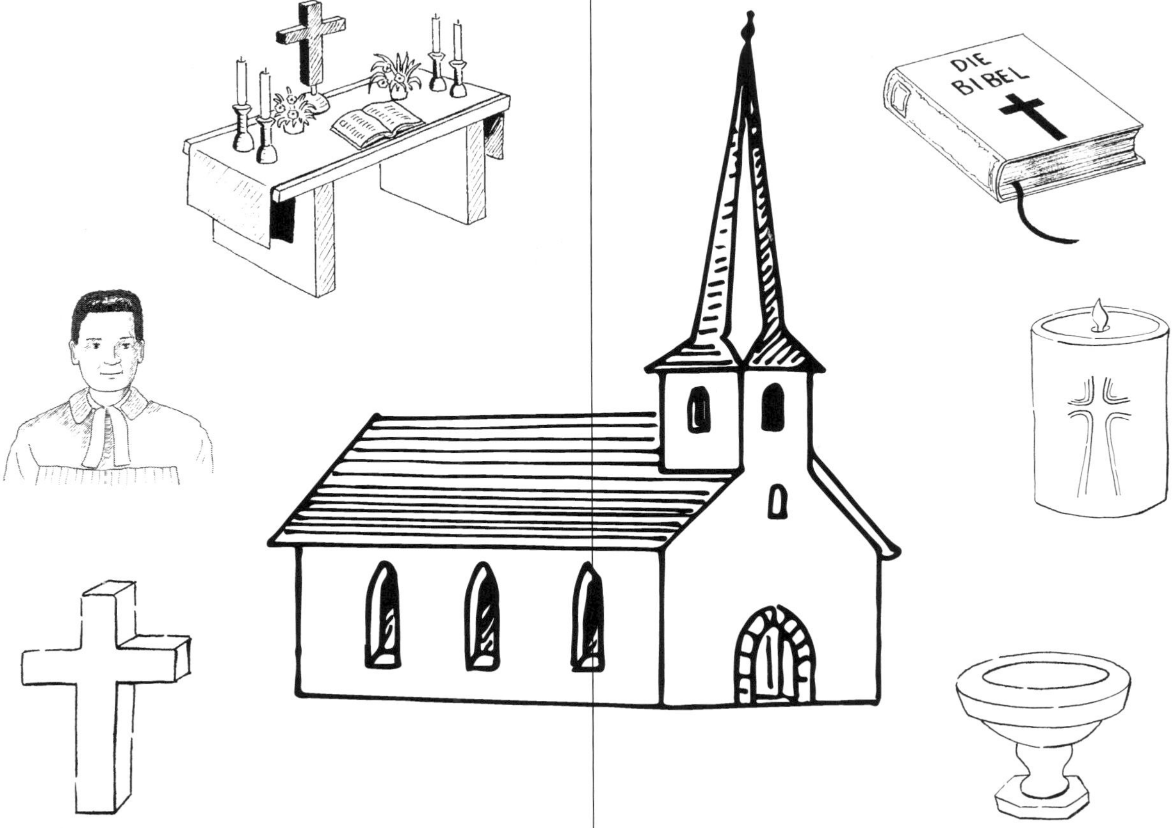

DIE BIBEL

Dieses Lapbook gehört: ________________

____

Die Kirche

Das Gotteshaus der Christen ist die Kirche. Du kannst sie schon von Weitem erkennen, denn die meisten Kirchen haben einen Turm, in dem die Glocken hängen. Sie läuten laut zur vollen Stunde oder zu Feiern. Hier versammeln sich die Christen zum Gottesdienst. Es werden biblische Geschichten vorgelesen und es wird gemeinsam gesungen und gebetet. Der Gottesdienst findet in der Regel am Sonntag statt und wird von einem Pfarrer/Pastor geleitet. Kirchen können ganz unterschiedlich aussehen, sie haben aber viele Gemeinsamkeiten.

Ein **Altar** und ein **Taufbecken** findest du in fast allen Kirchen. Der Altar hat die Form eines Tisches. Er ist nach Osten ausgerichtet. Dies hat den Grund, dass Jerusalem im Osten liegt und im Osten die Sonne aufgeht. Es erinnert an die Auferstehung Jesu. Vom **Lesepult** aus hält der Pastor seine Predigt. In manchen Kirchen gibt es auch eine **Kanzel**. Die Kanzel ist ein erhöhter Ort, von dem der Pastor aus der Bibel liest oder zu den Menschen spricht. Auf den bunten Fenstern sind biblische Geschichten abgebildet. Diese dienen den Menschen zur Erinnerung. Auch das **Kreuz** gehört dazu, es erinnert an die Kreuzigung Jesu und daran, dass Jesus auferstanden ist. Die **Orgel** findest du auf einer Empore gegenüber dem Altar. Sie unterstützt den Gesang der Gemeinde beim Gottesdienst. Damit die Gemeinde weiß, welche Lieder gesungen werden, hängen **Liedertafeln** an den Wänden. Die Gemeinde nimmt auf **Sitzbänken** Platz.

Christliche Feste

Die Christen feiern mit **Ostern** die Auferstehung Jesus Christus. Es ist das wichtigste Fest im Christentum. Immer am ersten Wochenende nach dem ersten Vollmond im Frühling liegt Ostern. Zum Osterfestkreis gehören folgende Feiertage:

Gründonnerstag: letztes Abendmahl Jesu mit seinen Jüngern

Karfreitag: Kreuzigung Jesu

Ostersonntag: Auferstehung Jesu

Himmelfahrt: Jesus kehrt zu seinem Vater in den Himmel zurück.

Pfingsten: Die Christen erinnern sich daran, dass Gott in den Menschen als Heiliger Geist ist. Mit dem Pfingstfest wird auch der Geburtstag der Kirche gefeiert.

Nach Ostern ist **Weihnachten** das wichtigste Fest im Christentum. Christen feiern mit dem Fest die Geburt von Jesus Christus. Vor mehr als 2000 Jahren brachte ihn Maria in Bethlehem zur Welt. Damals warteten die Menschen schon lange Zeit auf einen Heiland, der ihnen in ihrer Not hilft. Christen glauben, dass Jesus ihr Retter ist, denn sie glauben, dass Gott in seinem Sohn Jesus auf die Erde gekommen ist.

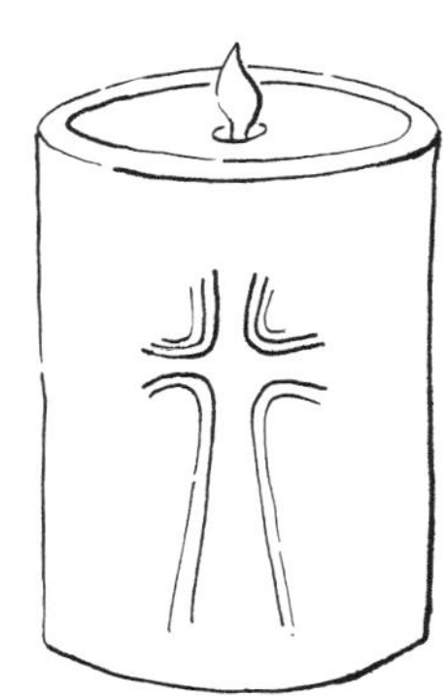

 **Lies die Lesekarte „Die Kirche“.**

 **Schneide die Vorlage „Kirche“ (Seite 26) aus.**
Falte sie.
Falte dann die Vorlage wieder auseinander.

 **Schneide das Bild „Innenraum Kirche“ aus.**

 **Klebe es in die Vorlage „Kirche“.**

 **Schneide die Wortkarten zum Innenraum aus.**

 **Klebe sie an die richtigen Stellen im Innenraum.**

 **Falte die Form wieder zusammen und klebe sie auf dein Lapbook.**

 **Schreibe die Überschrift „Die Kirche“ dazu.**

Vorlage Innenraum Kirche

Kreuz	Liedertafel
Orgel	Pult
Bibel	Taufbecken
Sitzbank	Altar
Kanzel	

Vorlage Kirche

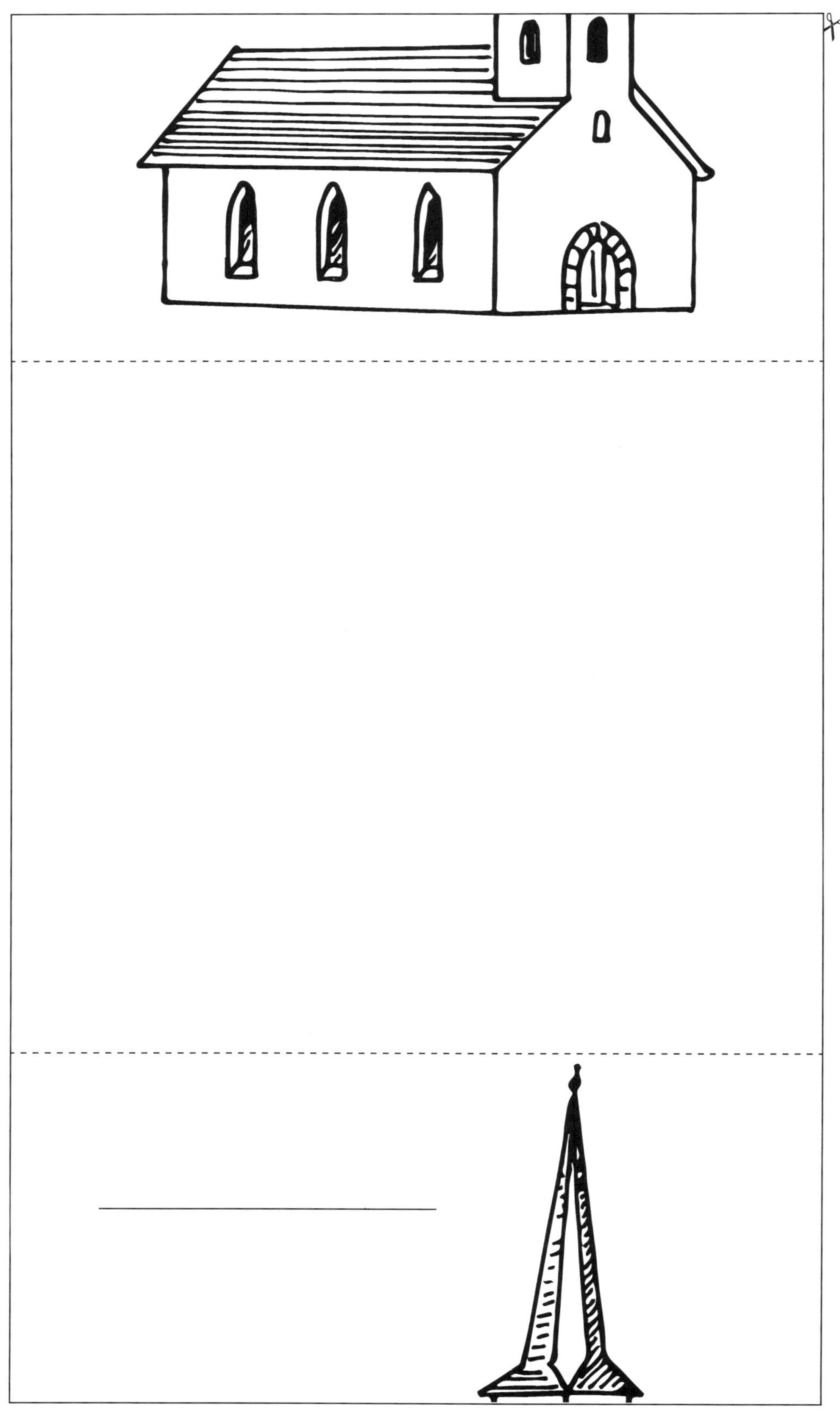

Die Kirchenfenster sind nicht nur schön bunt – sie erzählen auch Geschichten aus der Bibel. Bekannte und wichtige Personen aus der Bibel kannst du auf den Fenstern entdecken. Der Kirchenraum leuchtet in schönen Farben, wenn die Sonne durch die Fenster scheint.

 **Schneide die Vorlage aus.**

 **Gestalte ein eigenes buntes Fenster.**
Du kannst dazu eine biblische Geschichte malen oder nach einem Beispiel im Internet suchen.

 **Klebe das Fenster auf dein Lapbook.**

 **Schreibe die Überschrift „Mein Kirchenfenster“ neben die Form.**

 **Schreibe ins Innere der Vorlage, was auf deinem Kirchenfenster zu sehen ist.**

Christen glauben an einen einzigen Gott. Aber der einzige Gott erscheint den Christen auf verschiedene Weise (das ist wie beim Wasser: es kann fest wie Eis sein, verdampfen oder aus flüssigen Tropfen bestehen – und trotzdem bleibt es Wasser). Gott ist für die Christen zugleich

- der Vater, denn er hat die Welt erschaffen und beschützt die Menschen,
- Jesus Christus, Gottes Sohn, und dadurch zum Menschen geworden,
- der Heilige Geist, der den Menschen durch seine Gottesnähe erfüllt.

Sie glauben an die Dreieinigkeit (auch Dreifaltigkeit oder Trinität genannt) Gottes als Vater, Sohn und Heiliger Geist.

 **Schneide die Form auf der nächste Seite aus.**

 **Auf welchem Bild ist Gott als Vater, auf welchem als Heiliger Geist und auf welchem als Sohn zu sehen? Schreibe es zu den Bildern.**

Gott ist so groß und herrlich, dass man es in einem Bild nicht richtig zeigen kann. Er steckt vielmehr in allen Lebewesen und Dingen auf der Welt: in jedem Tier, jeder Pflanze und jedem Stern, im Berg und im Wasser …

 **Wie stellst du dir Gott vor? Schreibe oder male es auf die leere Blüte.**

 **Falte die Form und klebe sie auf dein Lapbook.**

 **Schreibe die Überschrift „Gott“ auf die Außenseite der Blüte.**

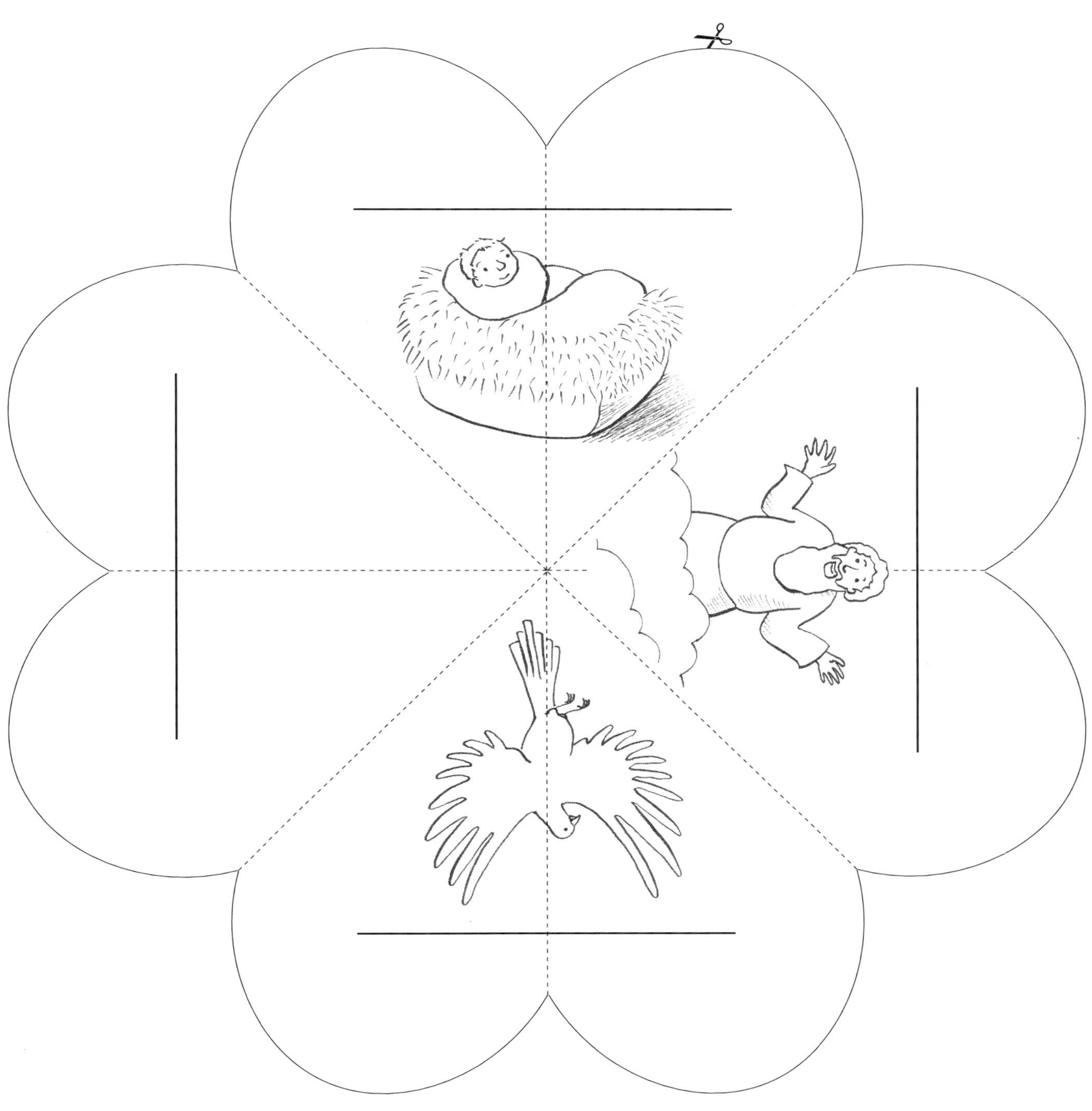

Jesus ist für Christen Gott selbst. Gott kam in der Gestalt von Jesus als Mensch auf die Erde. Christen nennen Jesus deshalb auch den Sohn Gottes. Die Geschichten über Jesus stehen im Neuen Testament.

Auf dem Buch siehst du Bilder aus dem Leben Jesu.
Schreibe zu jedem Bild einen passenden Satz.

Schneide das Büchlein aus.

Falte es und klebe es auf dein Lapbook.

Gestalte ein Deckblatt.

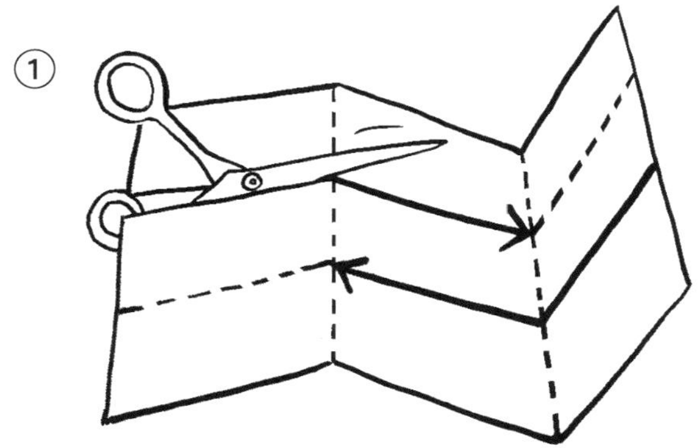

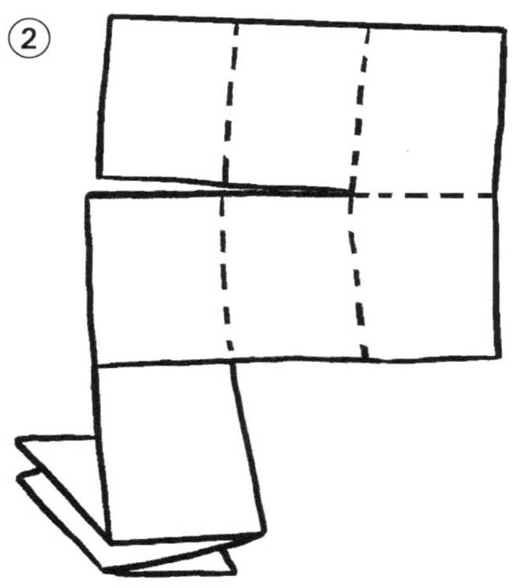

Das Leben Jesu

 **Lies die Lesekarte „Christliche Feste".**

 **Schneide die Vorlagen aus.**

 **Klebe die Wortkarten in die Mitte des Kreises.**

 **Schreibe passende Texte zu den Festen.
Setze die Kreise richtig zusammen.**

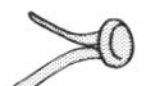 **Hefte die Kreise mit einer Musterbeutelklammer auf dein Lapbook.**

 **Für Christentum-Experten: Welche Feste gibt es im Christentum noch?
Forsche dazu im Internet und schreibe es neben den Kreis auf dein Lapbook.**

Feste im Christentum

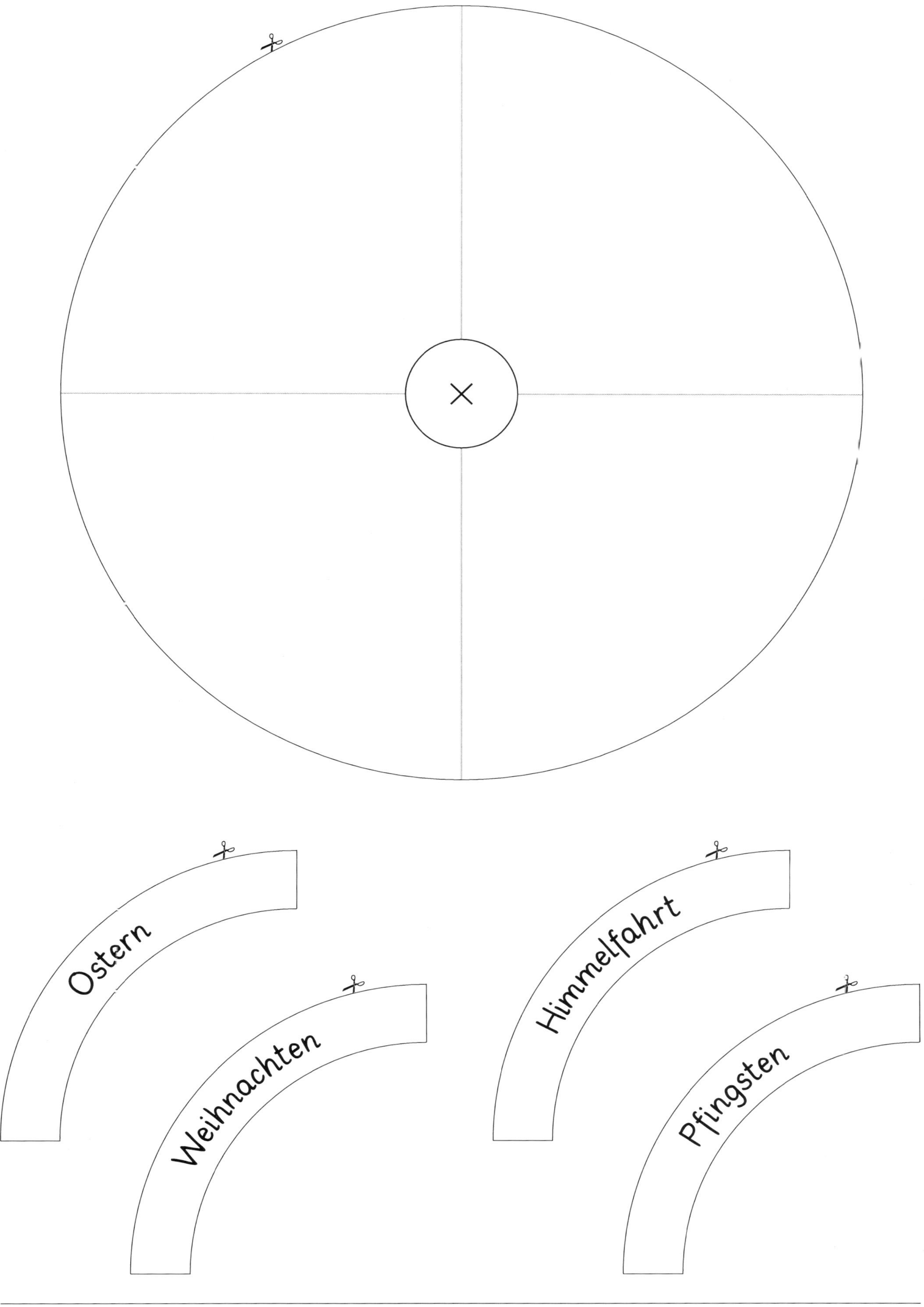
Ostern
Weihnachten
Himmelfahrt
Pfingsten

Die Bibel ist das Buch der Bücher. Sie ist die Heilige Schrift der Christen. Verschiedene Menschen haben die Bibel in mehr als 1000 Jahren aufgeschrieben. Sie besteht aus zwei Teilen: dem **Alten Testament** und dem **Neuen Testament**. Das Alte Testament wurde in hebräischer Sprache geschrieben. Es die Geschichte von Gott und dem Volk Israel. Die vier Evangelisten erzählen im Neuen Testament von Jesus und seinem Leben.

 **Schneide die Vorlagen aus. Drehe sie so um, dass die Bilder auf der Rückseite sind.**

 **Welche Geschichten aus dem Alten und Neuen Testament kennst du? Schreibe sie in die Mitte der Vorlagen.**

 **Welche Geschichte ist deine Lieblingsgeschichte? Begründe. Schreibe die Begründungen auf die unteren Seiten der Vorlagen, zum Beispiel: „Die Geschichte von Jona mag ich besonders gerne, weil …"**

 **Falte die Formen und klebe sie auf dein Lapbook.**

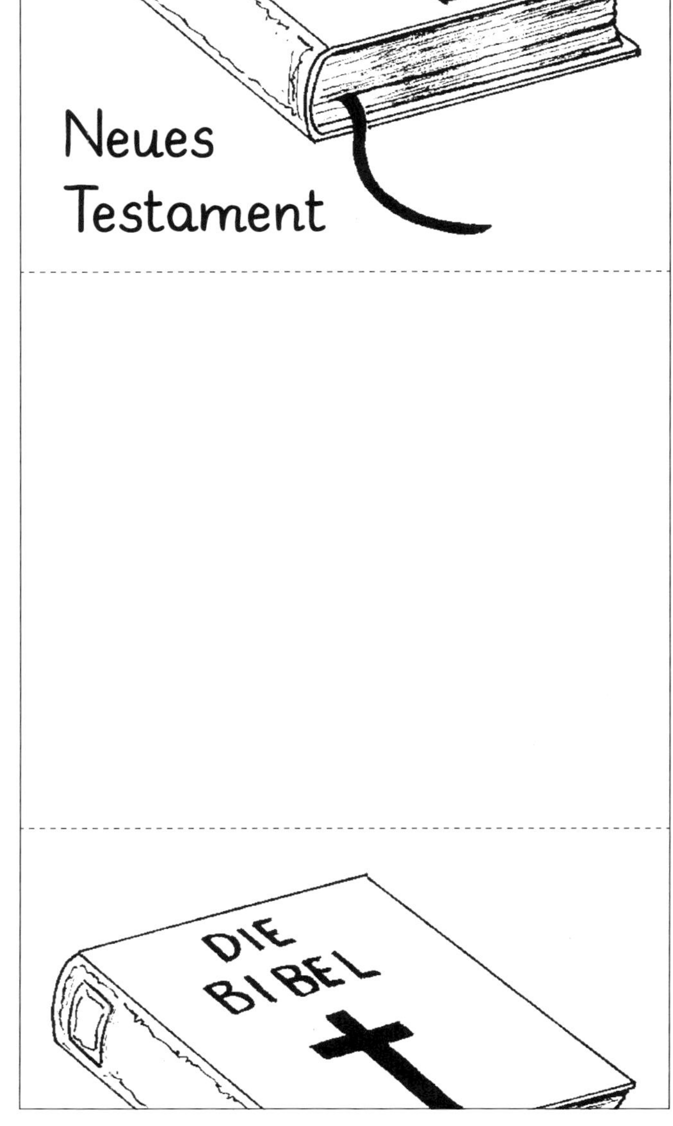

Sich in der Bibel zurechtzufinden, ist gar nicht so einfach. Als Hilfe ist sie in **Kapitel** und Verse eingeteilt. Die Weihnachtsgeschichte steht zum Beispiel im Buch „Lukas“. Die Zahl hinter dem „Buch“ gibt das Kapitel an und die Zahlen hinter dem Komma die Verse.

 **Schneide die Karten aus.**

 **Klebe sie in der richtigen Reihenfolge zusammen.** Tipp: Schaue in einer Bibel nach. **Falte sie.**

 **Klebe das Leporello auf dein Lapbook.**

Da kam ein neuer König auf in Ägypten, der wusste nichts von Josef.	3. Mose 1,1	Klebefläche
Und der Engel sprach zu ihnen: Fürchtet euch nicht! Siehe, ich verkündige euch große Freude, die allem Volk widerfahren wird;	Rut 1,16	Klebefläche
Kreuz und quer durch die Bibel	2. Mose 1,8	Klebefläche
Und die Israeliten brachen auf aus der Wüste Sinai und die Wolke machte Halt in der Wüste Paran.	1. Mose 21,3	Klebefläche
Und Gott sah an alles, was er gemacht hatte, und siehe, es war sehr gut. Da ward aus Abend und Morgen der sechste Tag.	Jona 3,3	Klebefläche
Da machte sich Jona auf und ging hin nach Ninive, wie der HERR gesagt hatte. Ninive aber war eine große Stadt vor Gott, drei Tagereisen groß.	Lukas 2,10	Klebefläche
Und der HERR rief Mose und redete mit ihm aus der Stiftshütte und sprach:	4. Mose 10,12	Klebefläche
Und Abraham nannte seinen Sohn, der ihm geboren war, Isaak, den ihm Sara gebar,	1. Mose 1,31	Klebefläche
Jesus aber sprach: Vater, vergib ihnen; denn sie wissen nicht, was sie tun! Und sie verteilten seine Kleider und warfen das Los darum.	**Ende**	Klebefläche
Rut antwortete: Rede mir nicht ein, dass ich dich verlassen und von dir umkehren sollte. Wo du hingehst, da will ich auch hingehen; wo du bleibst, da bleibe ich auch. Dein Volk ist mein Volk, und dein Gott ist mein Gott.	Lukas 23,34	Klebefläche

Quelle: Luther Bibel (Exodus), revidierter Text 2017, durchgesehene Ausgabe © 2017. Deutsche Bibelgesellschaft, Stuttgart (www.bibelwissenschaft.de)

Im Neuen Testament gibt es vier Evangelisten: **Markus, Matthäus, Lukas und Johannes**. Evangelium bedeutet „Frohe Botschaft". Die Evangelisten und ihre Freunde schrieben alles auf, was sie über Jesus gehört hatten. Die Evangelien entstanden aber nicht zur selben Zeit: Das älteste Evangelium ist das Markus-Evangelium. Neben anderen Texten haben Matthäus und Lukas es als Vorlage für ihre Schriften benutzt.
Jeder Evangelist hat ein eigenes Symbol: Markus hat einen **Löwen** als Symbol. Matthäus hat einen **Menschen oder Engel**. Lukas hat einen **Stier** und Johannes einen **Adler**.

Schneide die Bilder aus.

**Schneide die vier Karten und die Stege der Karten nach der Vorgabe aus.
Falte die Karten.**

Klebe in jede Karte ein Bild auf den Steg.

**Schreibe den Namen des Evangelisten in die Karte.
Forsche, was die Symbole der Evangelisten bedeuten.
Schreibe es in die jeweilige Karte.
Worüber berichten die Evangelisten? Schreibe es dazu.**

Klebe alle Karten hintereinander. So entsteht ein Buch.

Gestalte das Deckblatt und klebe die Karte auf dein Lapbook.

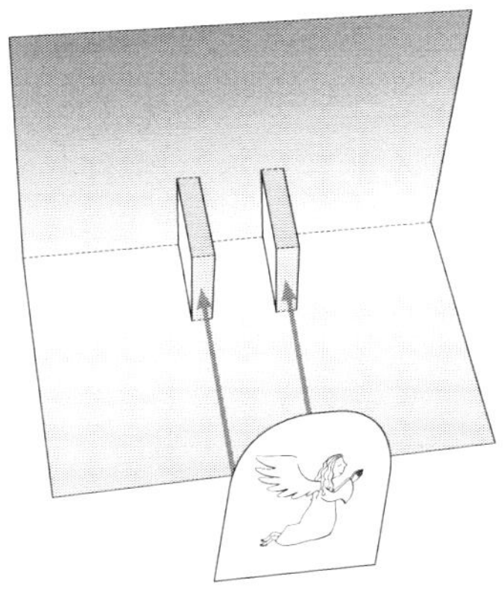

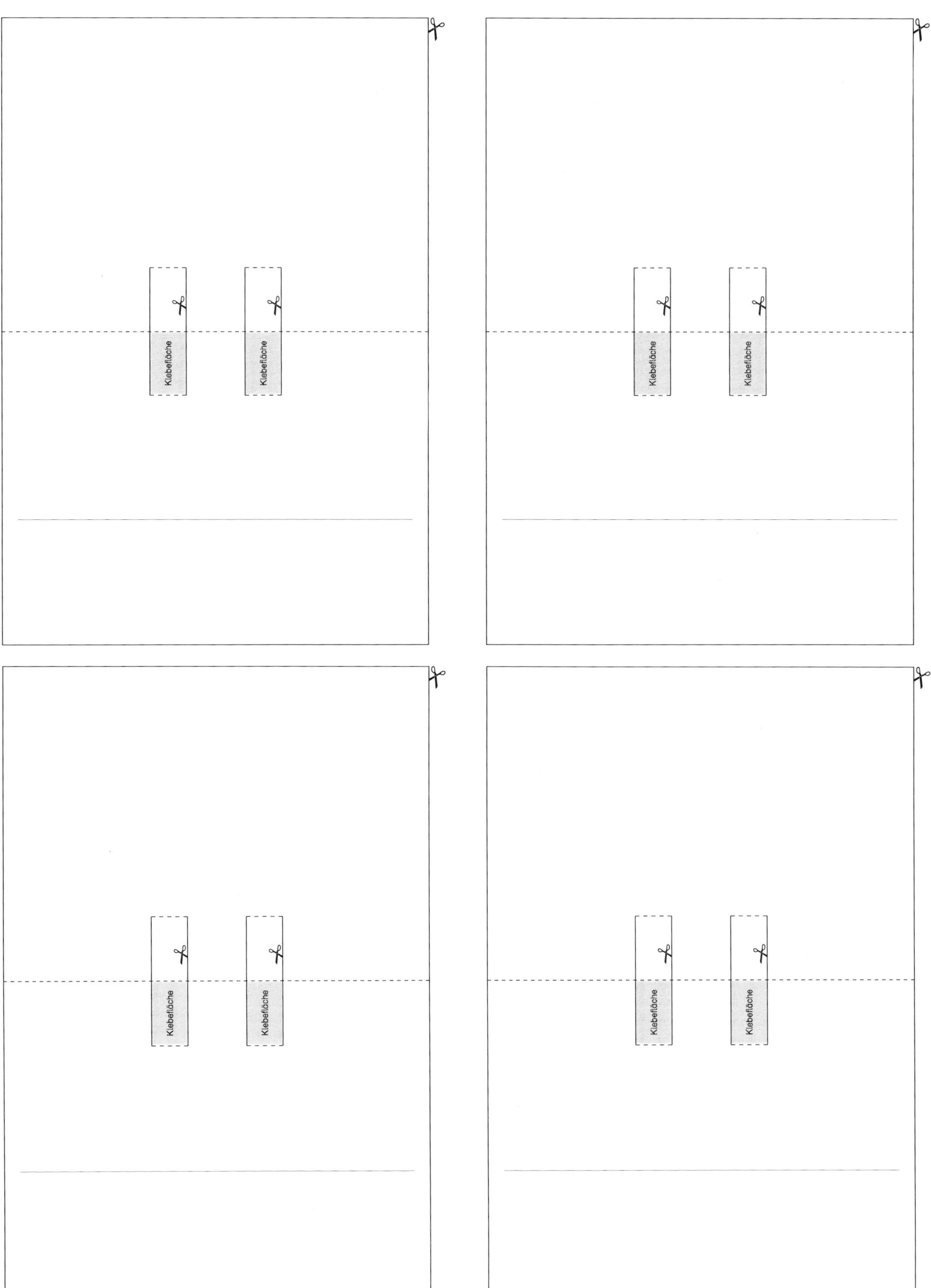
Klebefläche
Klebefläche
Klebefläche
Klebefläche
Klebefläche
Klebefläche
Klebefläche
Klebefläche

Auf der Welt gibt es unterschiedliche christliche Bekenntnisgemeinschaften. Diese nennt man Konfessionen. In Deutschland leben hauptsächlich katholische und evangelische Christen. Die evangelischen Christen nennt man auch Protestanten. Katholiken und Protestanten haben viele Gemeinsamkeiten, aber auch Unterschiede.

Schneide die beiden Taschen aus.

Falte sie und klebe sie auf dein Lapbook.

Schneide die Kärtchen aus.
Sortiere sie in die Taschen.

Das Kärtchen passt zu beiden Konfessionen?
Klebe es um die Taschen auf dein Lapbook.

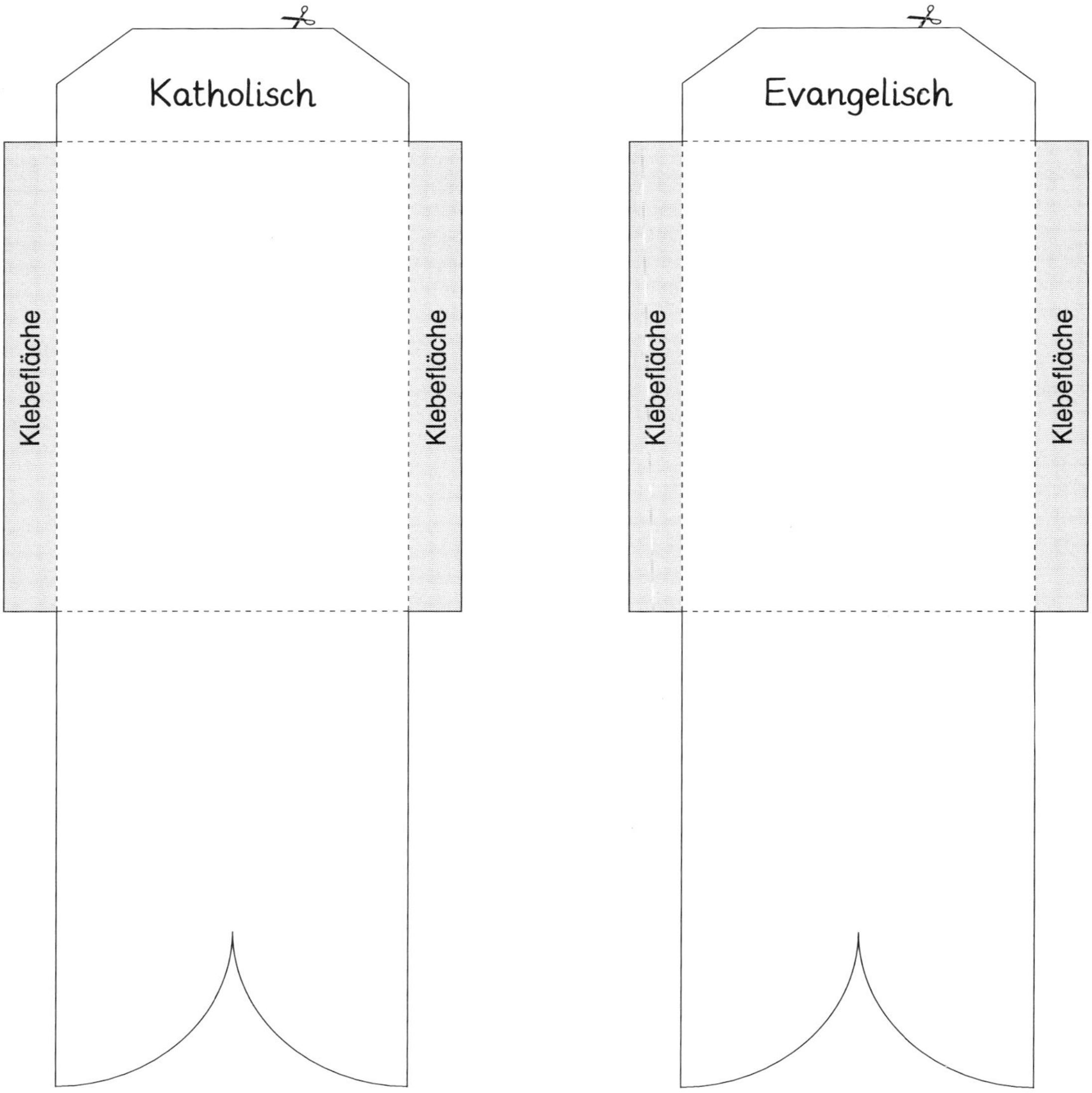

Katholisch

Klebefläche | Klebefläche

Evangelisch

Klebefläche | Klebefläche

Bibel	Kommunion	Konfirmation	Martin Luther
Gebete	Papst	Priester	Pfarrerin
Beichtstuhl	Weihnachten	Ostern	Jesus
Taufe	Zölibat	Marienverehrung	

Für Christen ist das Gebet „Vaterunser“ sehr wichtig. In jedem Gottesdienst wird es gesprochen. Im Neuen Testament steht, dass Jesus das Gebet seinen Jüngern mit auf den Weg gegeben hat.

Schneide die Textstreifen aus.
Sortiere sie.

Klebe sie in der richtigen Reihenfolge auf dein Lapbook.

Tipp: Du kannst auch in einer Bibel nachschauen.

Für Christentum-Experten:

- **„Geheiligt werde dein Name.“ – Kennst du noch andere Namen für Gott?**
- **„Denn dein ist das Reich und die Kraft und die Herrlichkeit in Ewigkeit.“ – Wofür bist du dankbar?**
- **Forsche im Internet, welche Bedeutung das Wort „Amen“ hat.**

Schreibe die Antworten neben das Gebet auf dein Lapbook.

Dein Wille geschehe,

Vater unser im Himmel.

Geheiligt werde dein Name.

Und führe uns nicht in Versuchung,

und die Herrlichkeit in Ewigkeit.

Unser tägliches Brot gib uns heute.

Und vergib uns unsere Schuld,

wie im Himmel, so auf Erden.

Denn dein ist das Reich und die Kraft

Amen.

wie auch wir vergeben unsern Schuldigern.

sondern erlöse uns von dem Bösen.

Dein Reich komme.

Quelle: Luther Bibel (Exodus), revidierter Text 2017, durchgesehene Ausgabe © 2017.
Deutsche Bibelgesellschaft, Stuttgart (www.bibelwissenschaft.de)

Male die Vorlagen für das Deckblatt an und schreibe deinen Namen auf die Linien.

Schneide die Vorlagen aus.

Klebe sie auf dein Lapbook.

Der Islam

DER HEILIGE QURAN

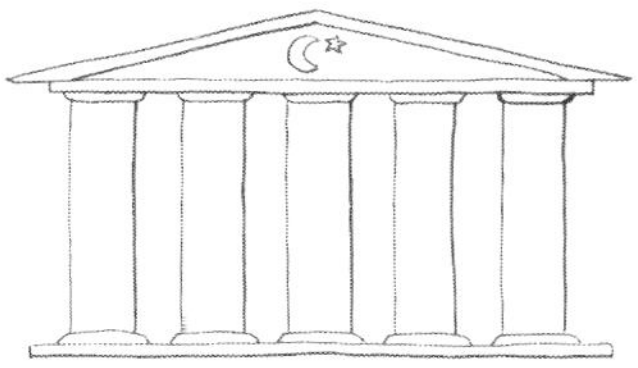

Dieses Lapbook gehört:

____

____

Die Moschee

Die Moschee ist das Gebetshaus des Islams. Übersetzt bedeutet das Wort „Ort der Niederwerfung“: Die Menschen werfen sich – fünfmal täglich – vor Gott nieder. In der Moschee trifft man sich aber nicht nur zum Beten, sondern auch zum Lernen, Diskutieren oder nur zum Plaudern.

Erkennen kann man eine Moschee häufig an ihrem Turm, dem **Minarett**. Vom Minarett ruft der **Muezzin** fünfmal täglich zu den Gebeten aus. Heute passiert das oft über Lautsprecher.

In der Moschee sitzen Frauen und Männer getrennt voneinander. Der Boden ist mit einem Teppichboden oder **Gebetsteppichen** ausgelegt – Stühle oder Bänke gibt es nicht. Vor dem Gebet machen die Muslime an einem **Brunnen** eine Gebetswaschung und ziehen sich ihre Schuhe aus.

Eine **Miharab** – das ist eine Gebetsnische – zeigt die Richtung an, in die gebetet wird. Denn es wird immer Richtung Mekka gebetet, wo die **Kaaba** steht. Der Begriff Kaaba bedeutet Würfel und meint das würfelförmige Gebäude, das in der Mitte der Moschee in Mekka steht. Bei der Miharab steht auch eine Kanzel, von der beim Freitagsgebet der Imam predigt. Die Kanzel nennt man **Minbar**.

Islamische Feste

Das arabische Wort für **Opferfest** ist Id al Adha. Das Opferfest ist der wichtigste Feiertag im Islam. Es ist Teil der Pilgerfahrt nach Mekka und dauert vier Tage. Das Fest erinnert daran, dass Muslime Gott grenzenlos vertrauen können. Es ruft sie auch zur Hilfsbereitschaft auf.

Der Fastenmonat im Islam ist der **Ramadan**. Viele Muslime verzichten 30 Tage auf Essen und Trinken zwischen der Morgendämmerung und dem Sonnenuntergang. Sie lesen in dieser Zeit mehr im Koran als sonst und bemühen sich, anderen Menschen zu helfen.

Das Fastenbrechen wird auch **Zuckerfest** oder Ramadanfest genannt. Auf Arabisch heißt es Id al-Fitr.

Der Neujahrstag der Muslime ist der **1. Muharram**. Er erinnert an die Wanderung Mohammeds aus Mekka nach Medina.

 **Lies die Lesekarte „Die Moschee“.**

 **Schneide die Vorlage „Moschee“ (Seite 44) aus.**
Falte sie.
Falte dann die Vorlage wieder auseinander.

 **Schneide das Bild „Innen- und Außenraum Moschee“ aus.**

 **Klebe es in die Vorlage „Moschee“.**

 **Schneide die Wortkarten zum Innen- und Außenraum aus.**

 **Klebe sie an die richtigen Stellen im Innen- und Außenraum der Moschee.**

 **Falte die Form wieder zusammen und klebe sie auf dein Lapbook.**

Schreibe die Überschrift „Die Moschee“ dazu.

Vorlage Innen- und Außenraum Moschee

Gebetsteppich	Minarett
Brunnen	Muezzin
Mihrab	Kuppel
Minbar	

Vorlage Moschee

Das arabische Wort für Gott ist **Allah**. Die meisten Araber sind Muslime und glauben an einen Gott, daher gibt es von dem Wort auch keine Mehrzahl.
Das Wort setzt sich aus „al“ und „lah“ zusammen. „Al“ ist der Artikel, „lah“ bedeutet Gott oder auch Gottheit. Das Wort „Allah“ bedeutet also „der Gott“ und macht deutlich, dass es nur einen Gott gibt.
Der **Koran** ist die Botschaft von Allah – der Erzengel Gabriel hat sie dem Propheten Mohammed verkündet.
Das Wort Allah in arabischer Schrift findest du in vielen Moscheen oder als Anhänger. Die Muslime erinnern sich damit an Allah und fühlen sich geborgen.

 **Lies den Text.**

 **Schneide die Form aus.**
Falte sie.

 **Was bedeutet die arabische Schrift?**
Schreibe es auf die Innenseite.

 **Klebe die Form auf dein Lapbook.**

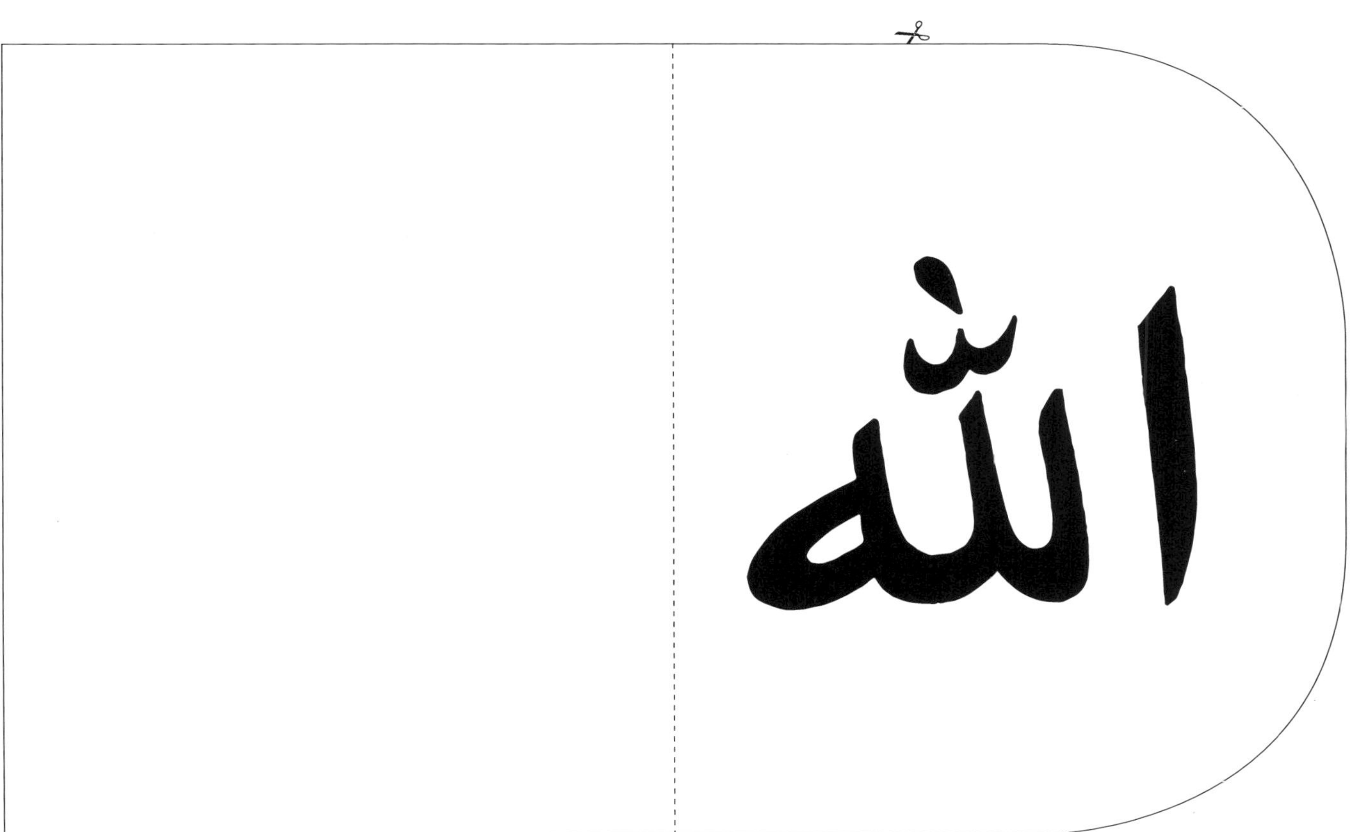

 **Lies die Lesekarte „Islamische Feste".**

 **Schneide die Vorlagen aus.**

 **Klebe die Wortkarten in die Mitte des Kreises.**

 **Schreibe passende Texte zu den Festen.**
Setze die Kreise richtig zusammen.

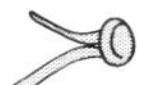 **Hefte die Kreise mit einer Musterbeutelklammer auf dein Lapbook.**

 **Für Islam-Experten: Welche Feste gibt es im Islam noch?**
Forsche dazu im Internet und schreibe es neben den Kreis auf dein Lapbook.

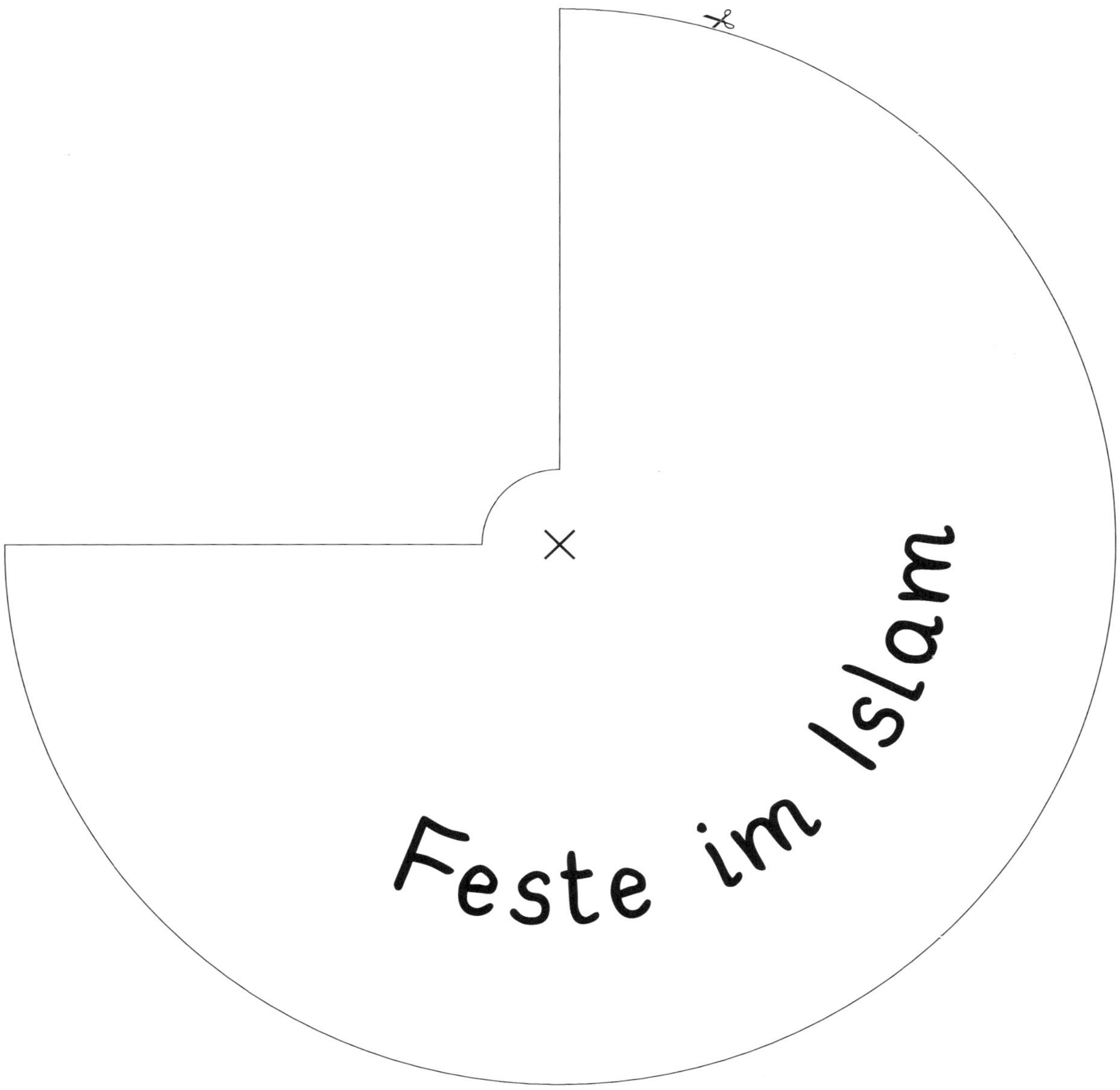

Feste im Islam

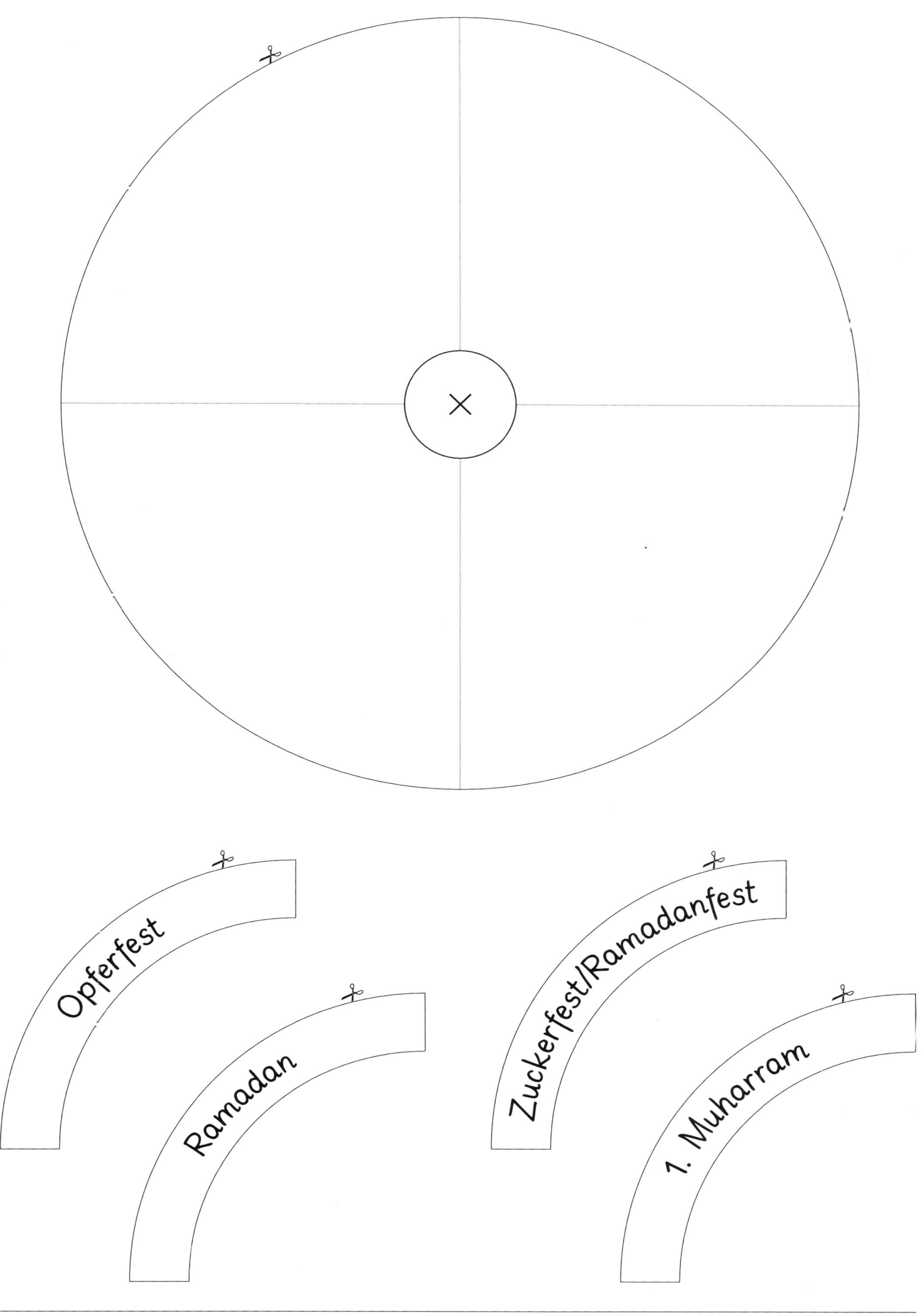
Opferfest
Ramadan
Zuckerfest/Ramadanfest
1. Muharram

Für Muslime ist der **Koran** sehr wichtig, denn er ist für sie die Botschaft von Allah. Viele Muslime versuchen, möglichst oft den Koran zu lesen und zu verstehen. Der Koran beschreibt, wie Allah ist (z. B. gerecht) und berichtet auch über die Schöpfung. Die Botschaften enthalten auch **Gebote und Regeln** für die Menschen. Sie heißen auch Offenbarungen. Sie fordern die Menschen dazu auf, Gutes zu tun und ehrlich und bescheiden zu sein und friedlich miteinander zu leben.
Der Koran besteht aus 114 Kapiteln. Man nennt sie auch **Suren**. Die Verse, in die jede Sure unterteilt ist, heißen **Aya**. Die Sprache des Koran ist **Arabisch**. Koran bedeutet „das Vorzulesende". Für das Vortragen der Suren gibt es eigene Regeln – sie werden ganz besonders vorgetragen, es klingt fast wie Musik und hört sich sehr schön an.

Lies den Text. Was hast du über den Koran gelernt?

Schreibe es auf die Kärtchen.

Schneide die Kärtchen aus.

Schneide die Vorlage aus.

Falte sie und klebe sie auf dein Lapbook.
Lege die Kärtchen hinein.

Schreibe die Überschrift „Der Koran" neben die Form.

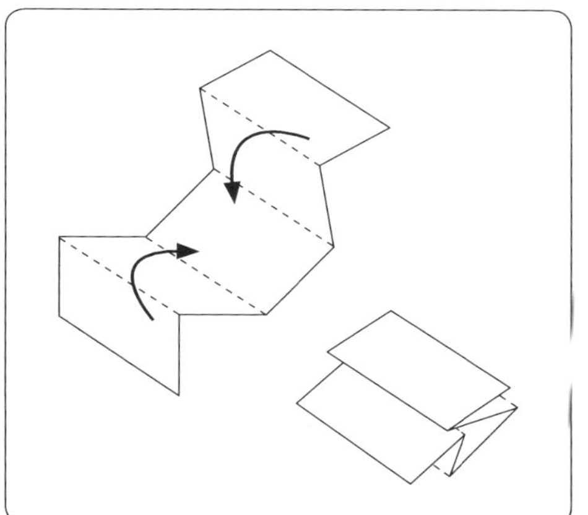

 **Schneide die Domino-Karten aus.**

 **Lies die Texte und suche das passende Bild.**

 **Lege die Domino-Karten in die richtige Reihenfolge und klebe sie zu einem Filmstreifen zusammen.**

 **Schneide den Fernsehbildschirm aus und klebe ihn zusammen.**

 **Klebe den Bildschirm mit der Rückseite auf dein Lapbook. Schiebe nun den Filmstreifen durch den Bildschirm.**

Fernsehbildschirm

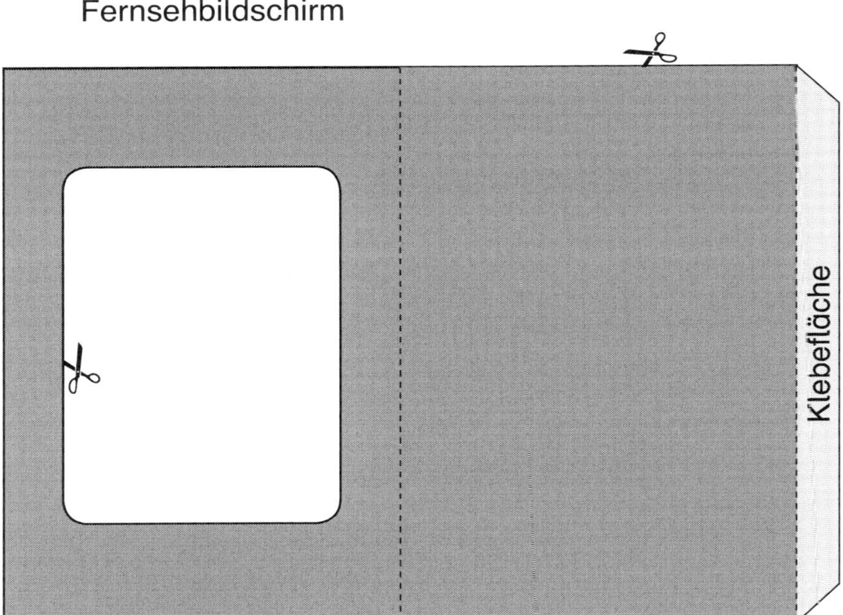

Das Leben
des Propheten
Mohammed
Mohammed stammt aus Mekka. Mohammeds Vater starb, bevor er geboren wurde. Mohammed verlor seine Mutter, als er 6 Jahre alt war.
Klebefläche

Mohammed kam zu seinem Großvater und als dieser starb zu seinem Onkel. Mohammed arbeitete erfolgreich als Karawanenführer und wurde zu einem angesehenen Kaufmann.
Klebefläche

Allah sprach zu Mohammed. Allahs Worte stehen im Koran. Die Offenbarung des Korans dauert insgesamt 22 Jahre.
Klebefläche

Mohammed verließ Mekka und fand Schutz bei den Menschen der Oase Yathrib. Dort schlichtete er einen langen Streit zwischen den Oasenbewohnern. Diese erkannten Mohammed als Führer an.
Als Mohammed 52 Jahre alt war, im Jahr 622, wurde Yathrib in Medina umbenannt.
Klebefläche

Ende

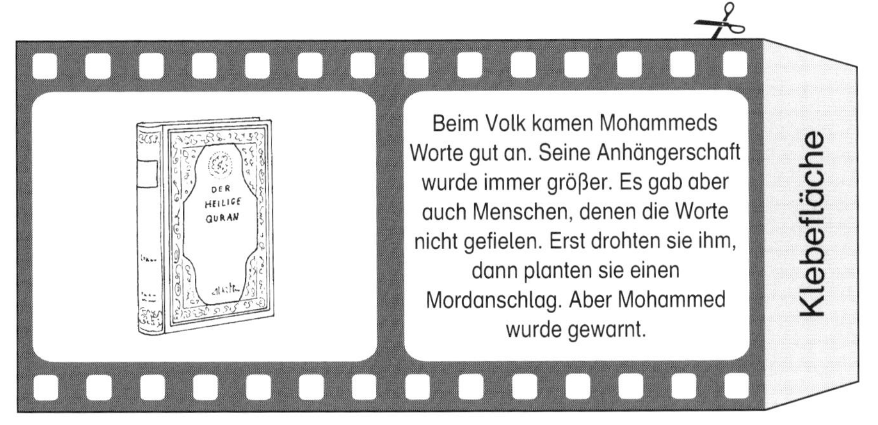

Beim Volk kamen Mohammeds Worte gut an. Seine Anhängerschaft wurde immer größer. Es gab aber auch Menschen, denen die Worte nicht gefielen. Erst drohten sie ihm, dann planten sie einen Mordanschlag. Aber Mohammed wurde gewarnt.

Klebefläche

Im Alter von 40 Jahren begann Mohammed zu zweifeln, ob er das Richtige im Leben tat. Er zog sich in eine Höhle am Berg Hira zurück, um darüber nachzudenken. Hier sprach der Erzengel Gabriel zum ersten Mal zu ihm und verkündete ihm die erste Zeile des Korans.

Klebefläche

Mohammed gründete den ersten islamischen Staat mit einer muslimischen Gemeinschaft. Hier sollte Gott herrschen. 622 gilt als das erste Jahr des Islams.

Klebefläche

Schneide die Vorlagen und die Textkarten aus.
Falte die Säulen an der gestrichelten Linie.

Welche Textkarte gehört zu welcher Säule?
Klebe sie in die Innenseite der richtigen Säule.

Klebe die Säulen und das Dach auf dein Lapbook.

Fasten

Almosen

Bekenntnis

Pilgerfahrt

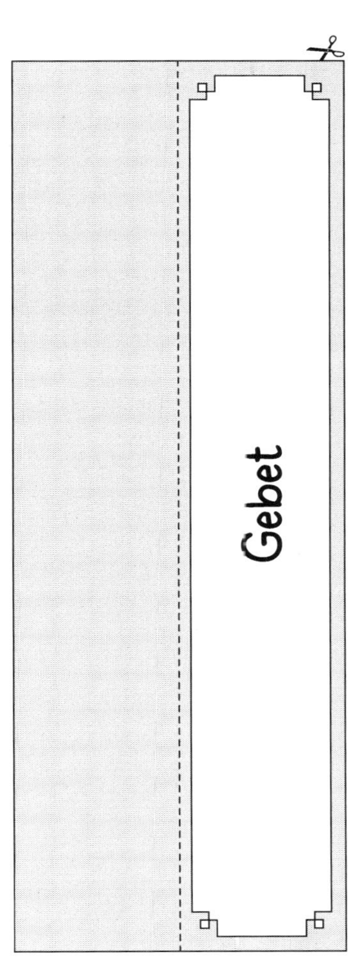

Das Glaubensbekenntnis ist fester Bestandteil jedes Gebetes. Man nennt es auch „shahada": „La ilaha illa Allah wa Muhammad rasul Allah." Dies bedeutet: „Ich bezeuge, dass es keinen anderen Gott außer Allah gibt und dass Mohammed sein Prophet ist."
Muslime beten in Richtung Mekka. Am Tag sollte ein Moslem fünfmal beten: vor Sonnenaufgang, morgens, mittags, vor Sonnenuntergang und vor Mitternacht.
Während des Monats Ramadan soll ein Moslem 30 Tage Fasten. In dieser Zeit darf nur nachts getrunken und gegessen werden.
Eine Spende an bedürftige Menschen, auch „Zakat" genannt, sollen Muslime tätigen. Durch die Spende wird das Gemeinschaftsgefühl gestärkt und die soziale Sicherheit gefördert.
Die Pilgerfahrt nach Mekka sollte ein guter Muslim einmal im Leben gemacht haben. Wohnt man in der Nähe, eventuell einmal im Jahr.Die Kaaba gilt als das größte Heiligtum des Islam. Die Pilger reinigen sich in Mekka und ziehen ein weißes Gewand an. Sie umschreiten die Kaaba siebenmal.

 Male die Vorlagen für das Deckblatt an und schreibe deinen Namen auf die Linien.

 Schneide die Vorlagen aus.

 Klebe sie auf dein Lapbook.

Der Buddhismus

Dieses Lapbook gehört: ____________________
____

Regeln und Wahrheiten

Es gibt **fünf Grundregeln** im Buddhismus:

1. Ich zerstöre oder verletze kein Lebewesen.
2. Ich stehle nicht.
3. Ich gehe keine Beziehung ohne Liebe ein.
4. Ich lüge nicht und achte auf meine Worte im Umgang mit anderen.
5. Ich nehme keine Drogen oder andere berauschende Mittel zu mir.

Die **vier edlen Wahrheiten** wurden von Buddha verkündet:

1. Alles Glück ist vergänglich, das Leben besteht nur aus Leiden.
2. Die Menschen wollen mehr besitzen, als sie haben. Dadurch entsteht das Leid.
3. Erst wenn die Begierde aufhört, hört auch das Leiden auf.
4. Der achtfache Pfad ist der Weg zum Glück.

Feste im Buddhismus

Vesakh ist das wichtigste Fest im Buddhismus und ein Fest zum Geburtstag Buddhas. Die Buddhisten feiern den Geburtstag Siddhartas, seine Erleuchtung unter einem Feigenbaum und seinen Weg ins Nirwana.

An die Entstehung und die Verbreitung des Buddhismus erinnert das Fest **Asalha**. Buddhisten pilgern eine Woche lang zu den Überresten von Buddha. In Sri Lanka wird das Fest besonders groß gefeiert. Hier treffen sich die Pilger an einem Tempel, in dem der Eckzahn des Buddhas aufbewahrt wird. 100 bunt geschmückte Elefanten tragen das Heiligtum durch die Straßen.

Stupa und Tempel

Wertvolle buddhistische Reliquien werden in der **Stupa** aufbewahrt. Reliquien sind Überreste von Heiligen oder wichtigen Personen. Ein Stupa ist ein kleines Bauwerk in Form einer Halbkugel. Stupa haben keine Fenster und Türen. Auch die Asche des Buddhas wird dort aufbewahrt. Heute befinden sich dort auch wichtige Texte aus heiligen Schriften oder Erinnerungsstücke.
Buddhistische **Tempel** sind oft prächtig verziert und mit Blumen geschmückt. Buddhisten treffen sich hier zum Gebet oder zur Meditation. In der Halle steht meistens ein Altar mit einer Buddha-Statue.

 **Lies den Text „Stupa und Tempel".**

 **Schneide die Vorlage aus.**

Falte sie.
Falte die Vorlage wieder auseinander.

 **Was wird in einer Stupa aufbewahrt?**
Wie sehen buddhistische Tempel aus?
Schreibe es auf die Innenseite.

 **Falte die Form wieder zusammen und klebe sie auf dein Lapbook.**

 **Schreibe die Überschrift „Stupa und Tempel" dazu.**

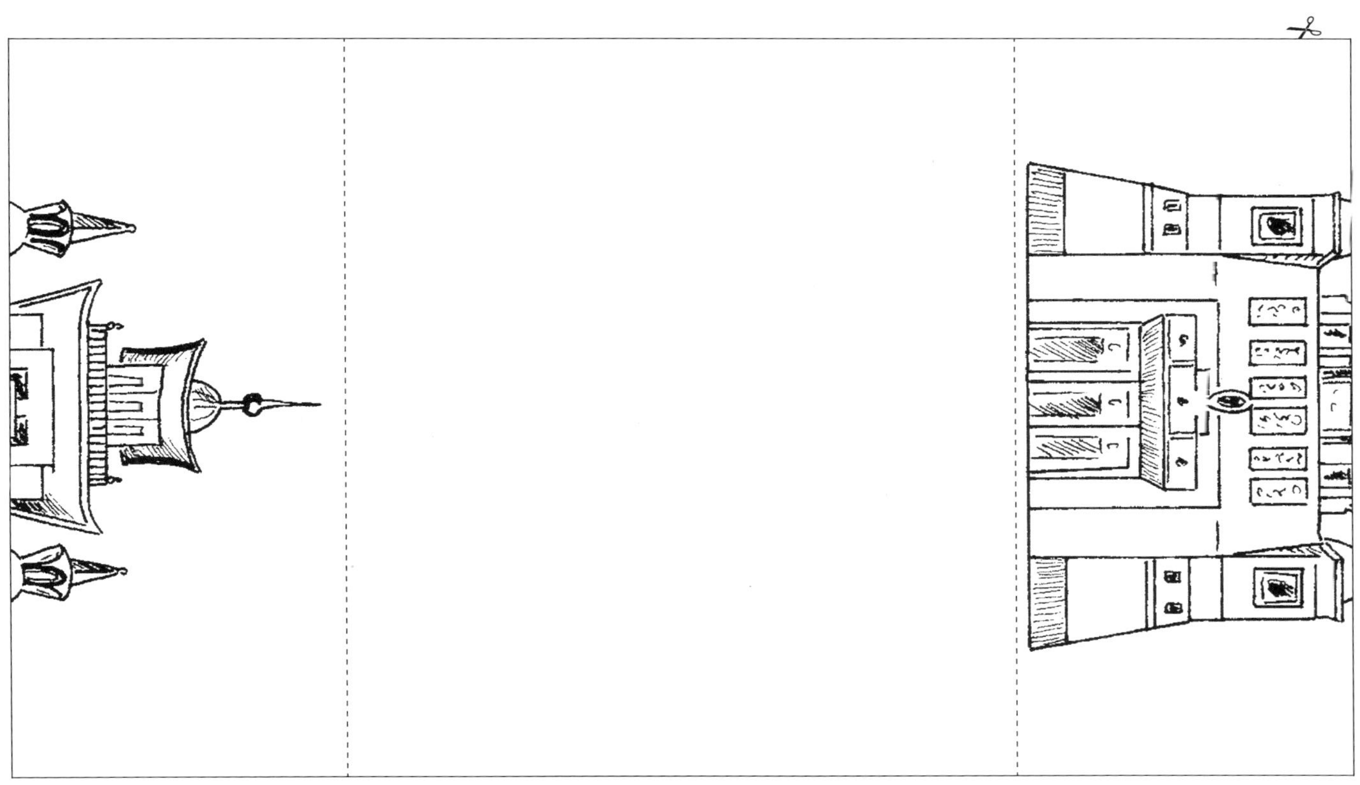

 **Schneide die Vorlage und die Textkarten aus und falte die Vorlage. Welcher Text passt zu welchem Bild?**

 **Klebe die Texte auf die Innenseite der Vorlage.**

Schreibe die Überschrift „Das Leben von Siddhartha Gautama“.

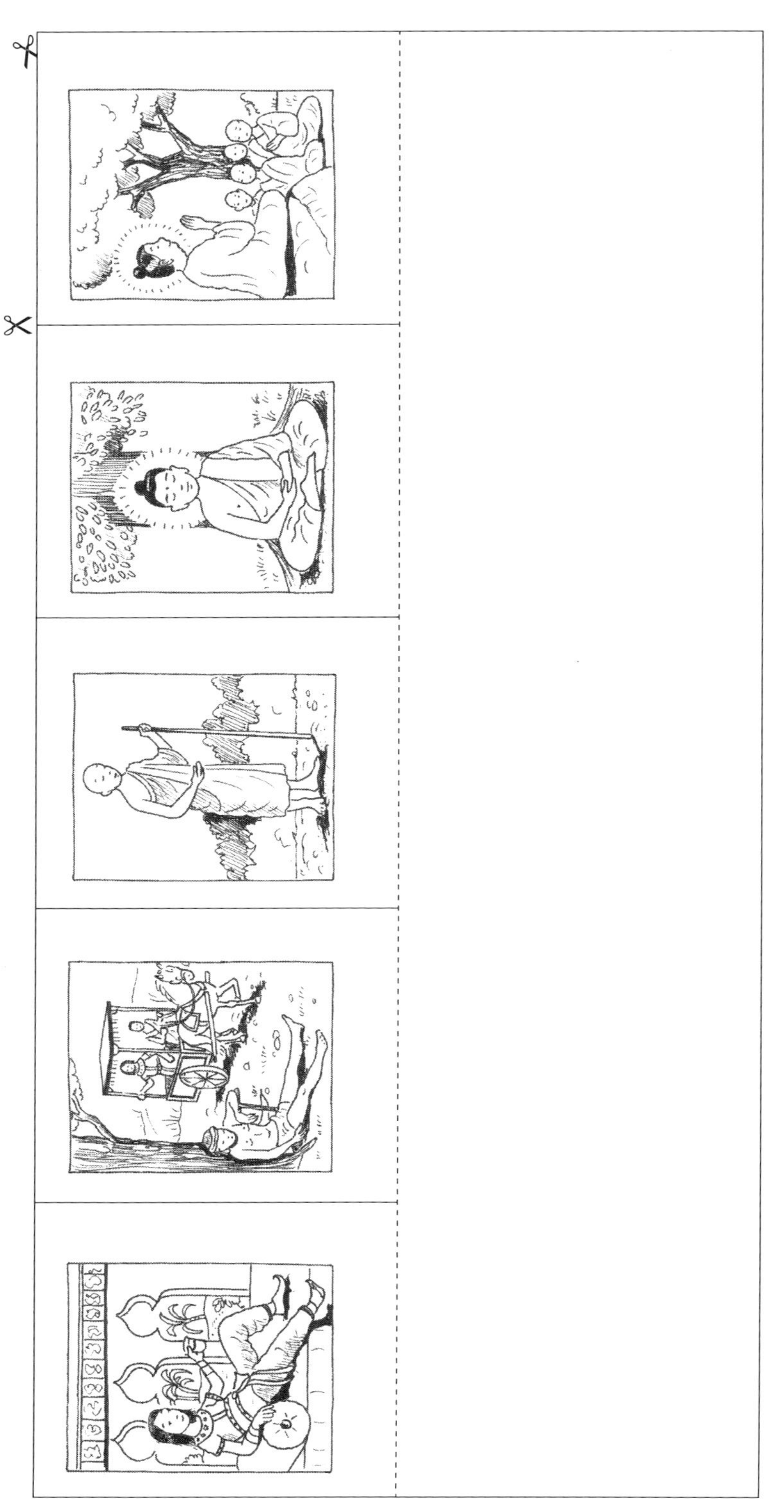

Siddhartha Gautama wurde vor ca. 2500 Jahren in Nordindien geboren. Er war Sohn eines reichen Fürsten.

Er machte sich über die schlechten Seiten des Lebens Gedanken. Als er bei einer zweiten Ausfahrt einem Mönch begegnete und dieser Zufriedenheit ausstrahlte, wollte er auch Mönch werden.

Er wuchs behütet und in Reichtum auf. Bei einer Kutschfahrt begegnete er einem alten, einem kranken und einem toten Mann. Er war darüber sehr erschüttert.

Doch dies brachte nichts. Er setzte sich unter einen Feigenbaum und meditierte. In dieser Nacht hatte er eine Erleuchtung erlangt. So wurde Siddhartha zum Buddha. „Buddha“ bedeutet „der Erwachte“. Seine Weisheiten gab er an die Menschen weiter.

Er verließ seine Familie und zog als Mönch umher. Er fragte nach dem Sinn des Lebens. Da ihm niemand helfen konnte, versuchte er, die Antworten selbst zu finden. Er fastete, bis er schwach war, und schlief im Freien.

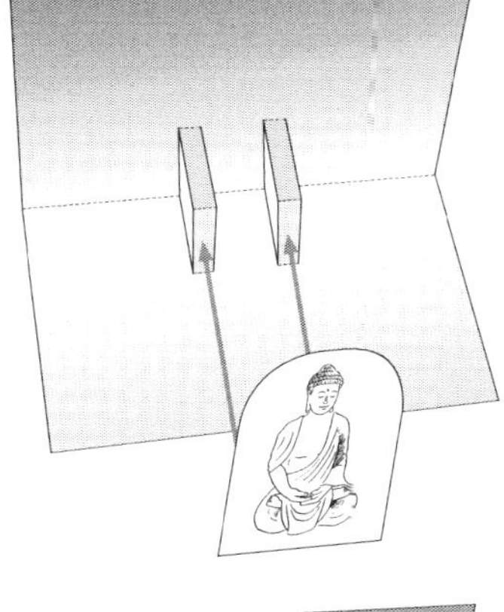

 Lies die Lesekarte „Regeln und Wahrheiten“.

 Schneide die Vorlagen aus.

 Schneide den Steg der Karte nach der Vorgabe aus.
Falte die Karte.

 Klebe den Buddha auf den Steg.

 Welche Regeln sind dir besonders wichtig?
Woran erinnern dich die Grundregeln?
Schreibe es auf die Innenseite der Karte.

  Gestalte das Deckblatt und klebe die Karte auf dein Lapbook.

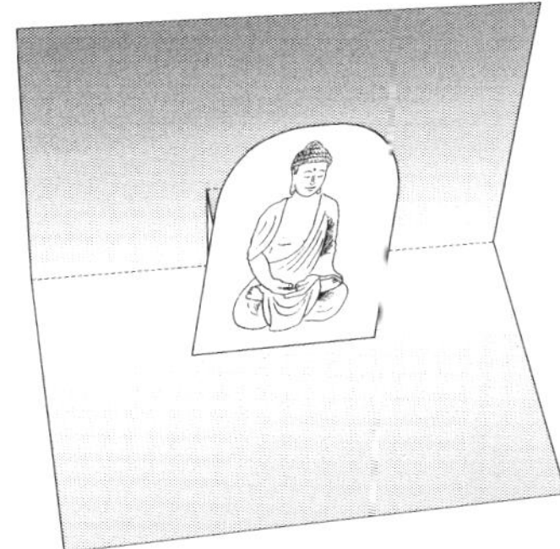

 Schreibe die Überschrift „Regeln und Wahrheiten“ vorne auf die Karte.

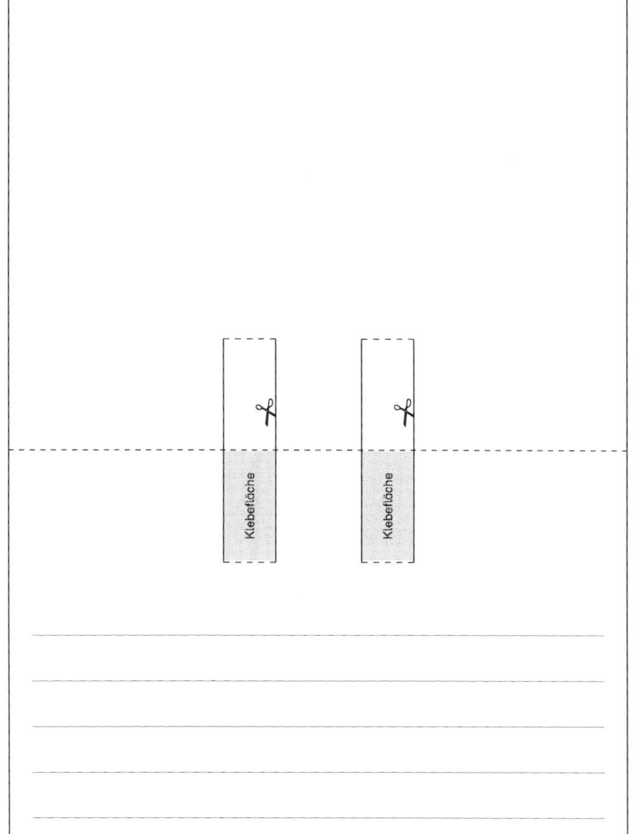

Der achtfache Pfad

Die Lebensregeln für alle Buddhisten findet man im **edlen achtfachen Pfad**. Er soll den Menschen helfen, sich von der Gier zu befreien. Wer sich an die Regeln hält, findet sein Glück im Nirwana und wird von seinem Leid befreit. Wer sich nicht an die Regeln hält, wird nach seinem Tod in einem anderen Körper wiedergeboren.

Die Regeln des achtfachen Pfades lauten:
Sieh die Welt so, wie sie ist.
Habe Mitleid, sei hilfsbereit und achte andere Lebewesen.
Achte darauf was du sagst. Rede nicht schlecht über andere und lüge nicht.
Tue keinem Lebewesen etwas Böses.
Achte die Natur und schade bei der Arbeit keinem Lebewesen.
Bemühe dich, schlechte Gedanken zu unterdrücken.
Höre auf deine Gefühle und auf deinen Körper.
Konzentriere dich und sammele deine Gedanken auch in deinem Alltag.

 **Lies den Text „Der achtfache Pfad".**

 **Schneide die Form aus.**

 **Schreibe auf jede Seitenlasche eine Regel.**

Schreibe die Überschrift „Der achtfache Pfad" neben die Form.

 **Falte die Laschen zusammen.**

 **Klebe die Form auf dein Lapbook.**

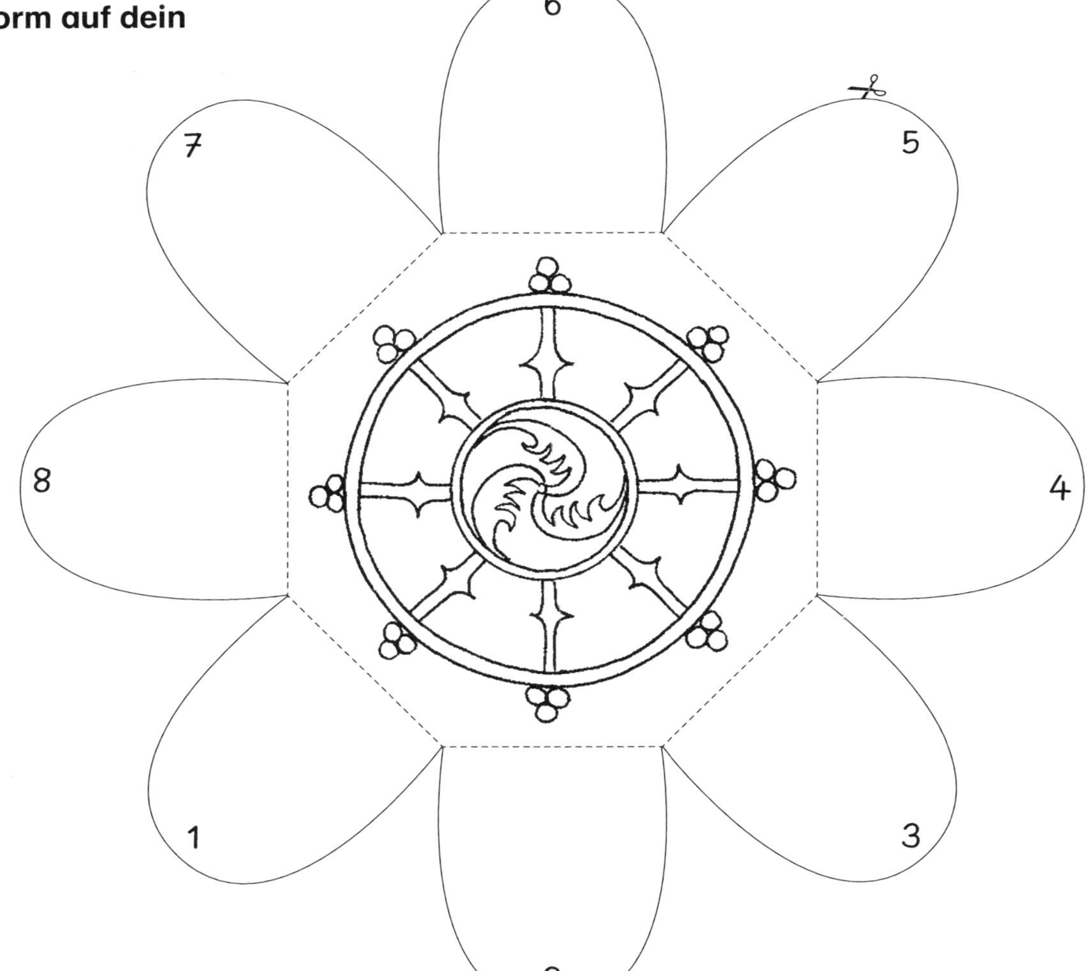

 Schneide die Vorlagen aus.

 Lies die Lesekarte „Buddhistische Feste“.

 Beschreibe die beiden wichtigsten Feste im Buddhismus auf der passenden Karte.

 Falte die Formen und klebe sie auf dein Lapbook.

Schreibe die Überschrift „Buddhistische Feste“ neben die Formen.

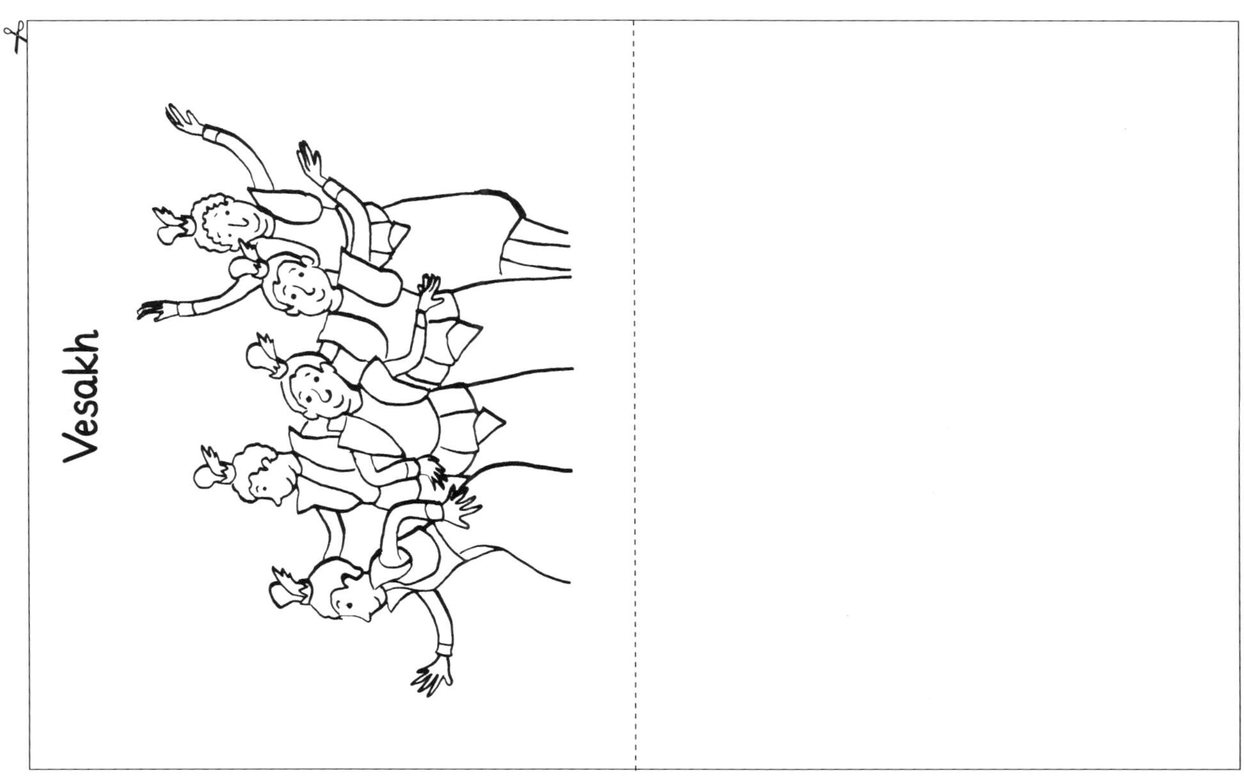

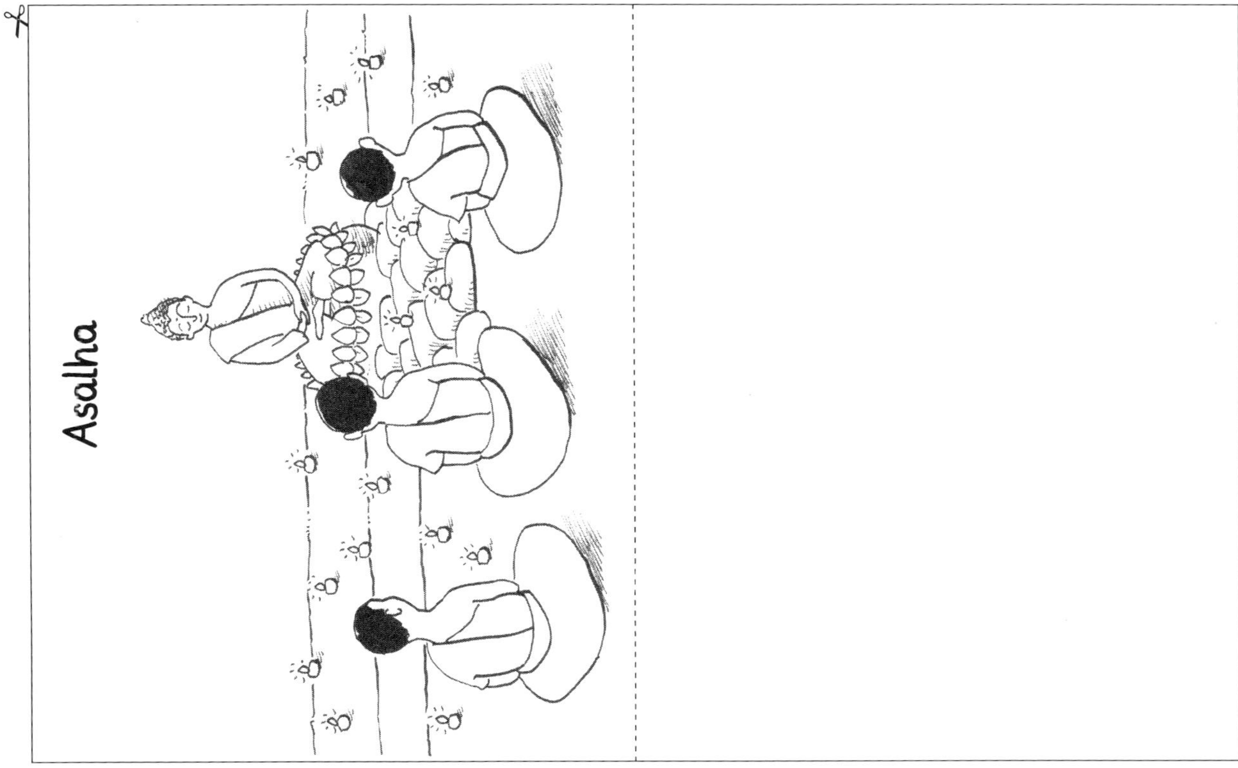

Beten und meditieren

Kurze und einfache Sprüche, Sätze oder auch nur Worte oder Silben murmeln viele Buddhisten beim Beten und **Meditieren** vor sich hin. Diese Worte nennt man **Mantras**. Sie helfen dem Meditierenden dabei, sich zu konzentrieren, und richten sich an Buddha oder Gott. Mit den Mantras bitten Buddhisten z. B. darum, dass Menschen vom Leid befreit werden, dass sie keine schlechten Gefühle haben oder zur Erleuchtung gelangen.
Im Buddhismus spielt das Meditieren eine wichtige Rolle. Die Meditierenden versuchen, sich auf eine Sache zu konzentrieren und sich nicht ablenken zu lassen. Sie wollen sich damit von allen schlechten Gedanken, wie z. B. Hass und Habsucht, befreien.
Auch **Mandalas** können helfen, zur Ruhe zu kommen, und sind ein wichtiges Hilfsmittel bei der Meditation. Übersetzt heißt Mandala „Kreis“.

 **Lies den Text „Beten und meditieren“.**

 **Male das Mandala aus.**

 **Schneide die Mandala-Karte aus.**

 **Klebe sie auf dein Lapbook.**

 **Was versuchen Buddhisten, mit der Meditation zu erreichen? Schreibe es in die Mandala-Karte.**

 Schneide die Vorlage, das Fenster in der Vorlage und die Bildkarten aus.

 Falte die Fensterseite nach oben und klebe sie mit den Klebeflächen fest.

 Was weißt du über den Buddhismus?
Schreibe es auf die Rückseite der Karten zum jeweiligen Thema.
Forsche im Internet zum Dalai Lama.

Tipp: Du kannst hier schauen: https://www.religionen-entdecken.de/lexikon/d/dalai-lama

 Schließe das Theater, indem du die Seitenteile zuklappst.
Gestalte nun die Vorderseite des Erzähltheaters.

 Klebe das Theater auf dein Lapbook.

Stecke die Karten hinter das Fenster in das Erzähltheater.

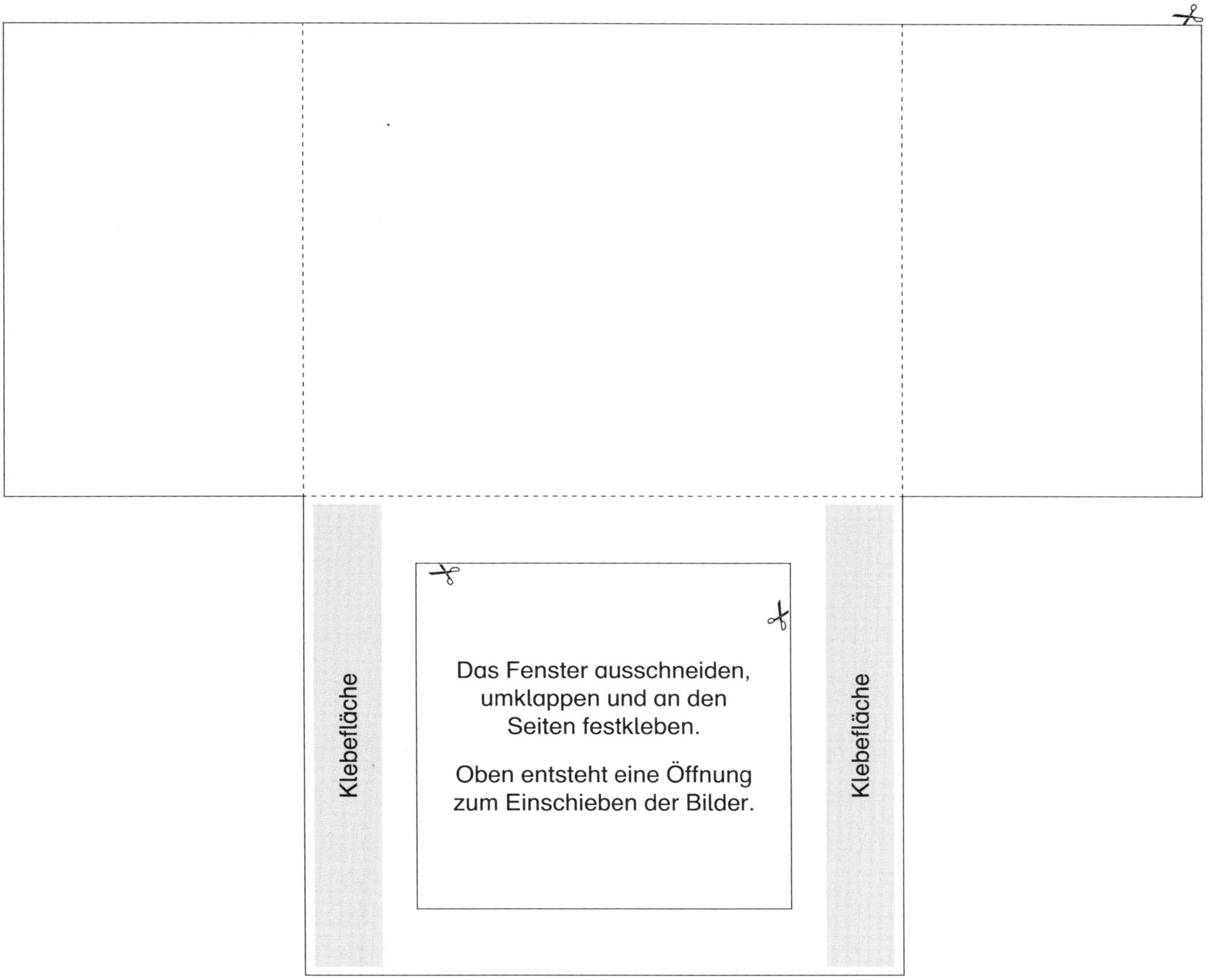

Klebefläche

Das Fenster ausschneiden, umklappen und an den Seiten festkleben.

Oben entsteht eine Öffnung zum Einschieben der Bilder.

Klebefläche

Stupa

Tempel

Buddha

Dalai Lama

Vesakh

Asalha

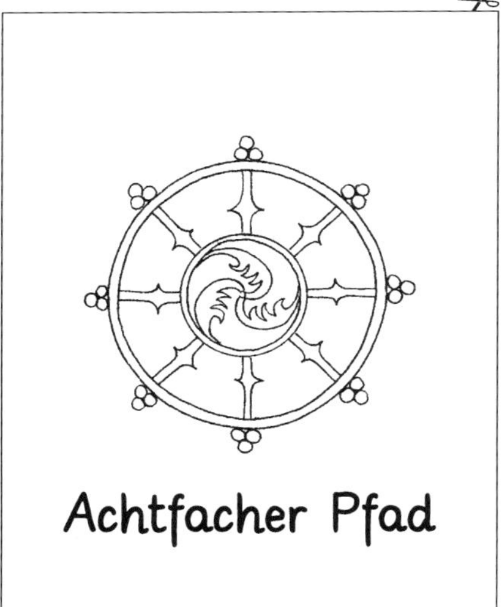

Achtfacher Pfad

Grundregeln und Weisheiten

 **Male die Vorlagen für das Deckblatt an und schreibe deinen Namen auf die Linien.**

 **Schneide die Vorlagen aus.**

 **Klebe sie auf dein Lapbook.**

Der Hinduismus

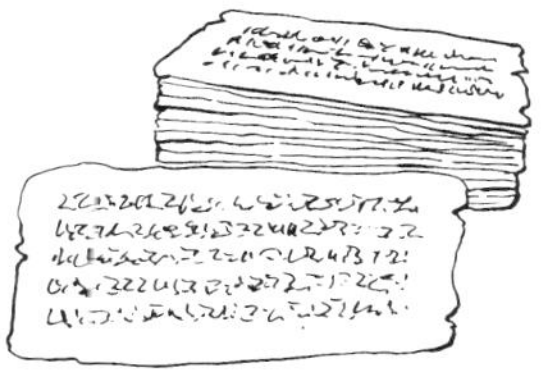

Dieses Lapbook gehört: ______________________

Hinduistische Tempel

Um nahe bei Gott zu sein und zu beten, treffen sich Hinduisten in einem Tempel. Die Tempel haben ein bestimmtes Aussehen. Die Basis ist ein Quadrat. In der Mitte befindet sich ein Kreis. Es gibt im Tempel zwei Räume – **Garbha Griha** ist der kleine Raum mit einer Statue der Gottheit. Die Statue ist meist erhöht auf einem Sockel. Die Besucher können sie dort sehen und von ihr gesehen werden. Blumen, Reis oder andere Opfergaben bringen viele Besucher mit. In dem großen Raum versammeln sich die Betenden. Verschiedene Türme befinden sich über den Räumen. Sie sollen an den **heiligen Berg Meru** erinnern und zeigen, dass sich Götter und Menschen hier berühren.

Vor dem Besuch im Tempel ziehen die Gläubigen ihre Schuhe aus und nehmen ein Reinigungsbad. Einen roten Punkt auf der Stirn erhalten die Besucher von einem Priester. Es sagt ihnen: Gott beschützt dich.

Hinduistische Feste

Ende Oktober oder Anfang November findet das Lichterfest **Diwali** statt. Es wird über mehrere Tage mit der Familie gefeiert und ist ein bedeutendes hinduistisches Fest. Der Name bedeutet „Weg des Lichts“. Der Sieg des Lichts und des Guten über die Dunkelheit und das Böse wird hier gefeiert.

Es geht auf den Tag zurück, an dem der Gott Rama, seine Frau Sita und sein Bruder Lakshmana nach 14 Tagen im Exil aus dem Dschungel in die Stadt zurückkehrten. Die Menschen zündeten Öllampen an, damit sie im Dunkeln den Weg zurückfanden.

Überall werden Kerzen angezündet und heutzutage mit Feuerwerk Lärm gemacht – es ist ein fröhliches Fest.

Das indische Fest **Holi** ist ein Frühlingsfest und ist eines der ältesten Feste Indiens. Es findet im Februar oder März statt und wird vor allem in Nordindien gefeiert. Es ist ein farbenfrohes Fest und dauert in einigen Gegenden bis zu zehn Tage. Die Menschen bewerfen sich an diesem Tag mit gefärbtem Puder und Wasser und wünschen sich „Shubh Holi“. Egal zu welcher Kaste sie gehören – alle Menschen feiern fröhlich an diesem Tag zusammen. Mit dem Fest der Farben feierte man ursprünglich die gute Ernte.

 **Lies die Lesekarte „Hinduistische Tempel".**

 **Schneide die Vorlage aus.**
Falte sie.
Falte dann die Vorlage wieder auseinander.

 **Wie sind hinduistische Tempel aufgebaut?**
Schreibe es auf die Innenseite.

 **Falte die Form wieder zusammen und klebe sie auf dein Lapbook.**

 **Schreibe die Überschrift „Hinduistische Tempel" dazu.**

 **Schneide die Domino-Karten aus.**

 **Lies die Texte und suche das passende Bild.**

 **Lege die Domino-Karten in die richtige Reihenfolge und klebe sie zu einem Filmstreifen zusammen.**

 **Schneide den Fernsehbildschirm aus und klebe ihn zusammen.**

 **Klebe den Bildschirm mit der Rückseite auf dein Lapbook.**

Schiebe nun den Filmstreifen durch den Bildschirm.

Fernsehbildschirm

Klebefläche

Alle Götter sind durch die heilige Silbe „Om“ miteinander verbunden. Ausgesprochen wird sie A-U-M. Sie steht für Geburt, Leben und Tod.

Klebefläche

Göttinnen und Götter

Es gibt im Hinduismus viele Götter. Das nennt man Polytheismus. Drei Götter sind besonders beliebt: Brahma, Vishnu und Shiva. Sie bilden das Dreiergespann Trimurti.

Klebefläche

Klebefläche
Vishnu ist einer der Hauptgötter. Er ist der Bewahrer. Er sorgt dafür, dass das Gleichgewicht zwischen Gut und Böse gehalten wird. Er beschützt die Menschen. Er hat vier Arme, trägt viel Schmuck und hat blaue Haut.
Ende

Klebefläche
Brahma ist einer der Hauptgötter. Er ist der Schöpfer und wird häufig mit vier Köpfen dargestellt. Jeder Kopf zeigt in eine andere Himmelsrichtung. Er hält die Veden in der Hand.

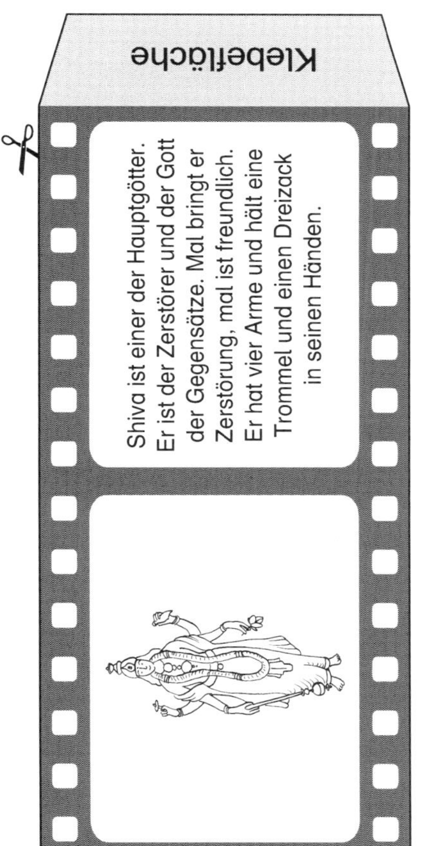
Klebefläche
Shiva ist einer der Hauptgötter. Er ist der Zerstörer und der Gott der Gegensätze. Mal bringt er Zerstörung, mal ist freundlich. Er hat vier Arme und hält eine Trommel und einen Dreizack in seinen Händen.

Die heiligen Schriften

Als die heiligen Schriften der Hindus gelten die **Veden**. „Veda“ bedeutet Wissen. Im Hinduismus glaubt man daran, dass die Gottheiten sie selbst verfasst haben. Sie enthalten Geschichten, Gedichte und Lieder.

Es gibt vier Veden:
1. Hymnen: Rigveda
2. Lieder: Samaveda
3. Opferformeln: Yajurveda
4. Zauberformeln: Atharvaveda

Lies den Text „Die heiligen Schriften“. Welche vier Veden gibt es?

Schreibe sie auf die vier Herzen.

Schneide die Form aus und falte sie zu einem aufklappbaren Herzen.

Klebe das Herz auf dein Lapbook.

Schreibe die Überschrift „Veden“ auf das Deckblatt.

Für Hinduismus-Experten: Was bedeutet Veda?
Schreibe es neben die Form auf dein Lapbook.

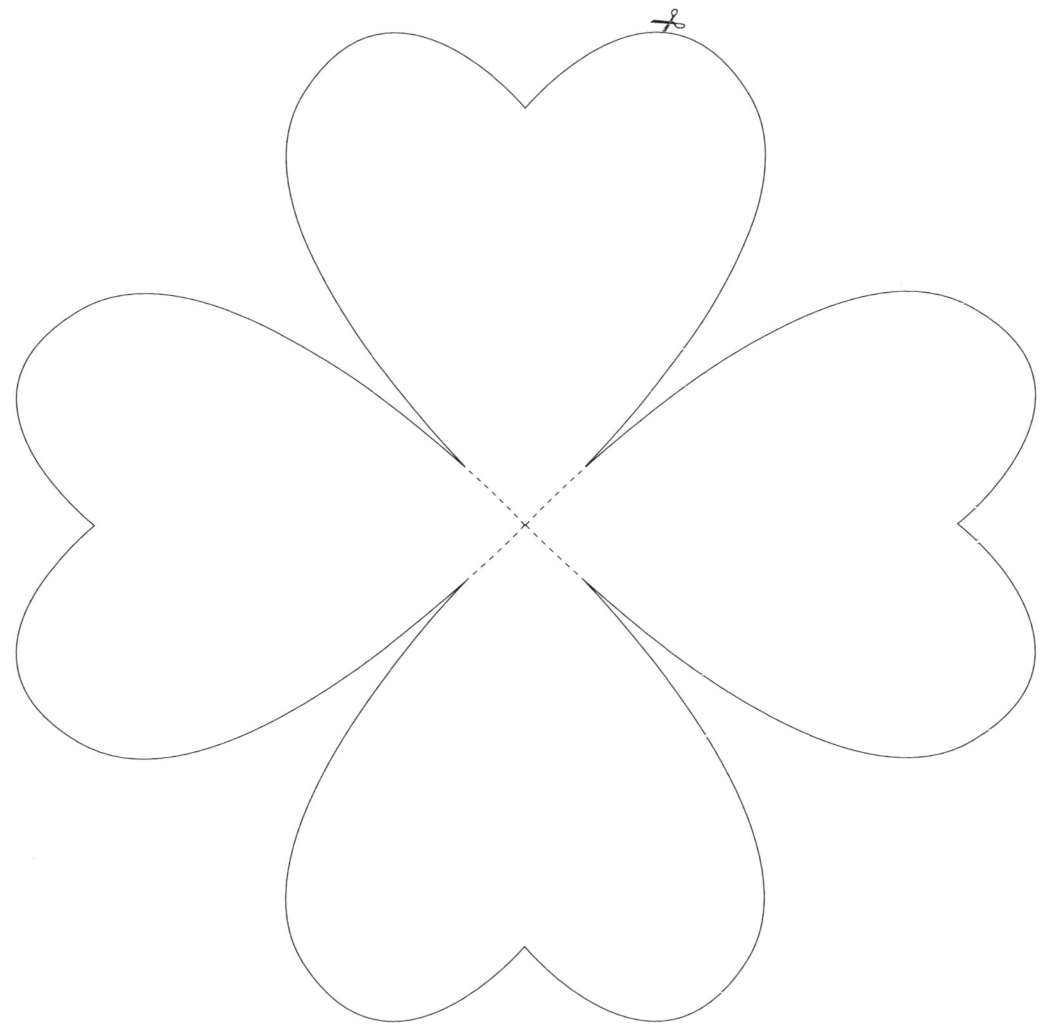

Das Kastenwesen

Kasten nennt man die Stände im Hinduismus. Viele Hindus glauben immer noch an das Kastenwesen, auch wenn es in Indien offiziell abgeschafft wurde. Die Gesellschaft wird in vier Kasten und die Kastenlosen eingeteilt. Ein Hindu wird in eine Kaste hineingeboren und jede Gruppe bleibt unter sich. Menschen, die unterschiedlichen Kasten angehören, dürfen nicht gemeinsam essen oder heiraten und auch nur bestimmte Berufe ausüben.
Auf der untersten Stufe sind die Kastenlosen, sie werden **Dalits oder Unberührbare** genannt. Die Arbeiter und Diener bilden den darüberliegenden Stand. Sie werden **Schudras** genannt. **Vaishyas** heißen die Händler und Bauern des nächsten Standes. Krieger und Beamte bilden den Stand **Ksatriyas**. Den höchsten Stand bilden Priester und Gelehrte – die **Brahmanen**.

 **Lies den Text „Das Kastenwesen".**

 **Schneide die Vorlagen aus.**

 **Bringe die Karten in die richtige Reihenfolge. Beginne mit der niedrigsten Kaste. Es gehören immer zwei Textkarten zusammen.**

 **Klebe die jeweils zusammengehörigen Karten übereinander auf die Vorlage „Kastenwesen".**

 **Klebe die Vorlage auf dein Lapbook.**

Vorlage Kastenwesen (hier die Textkarten 1 aufkleben):

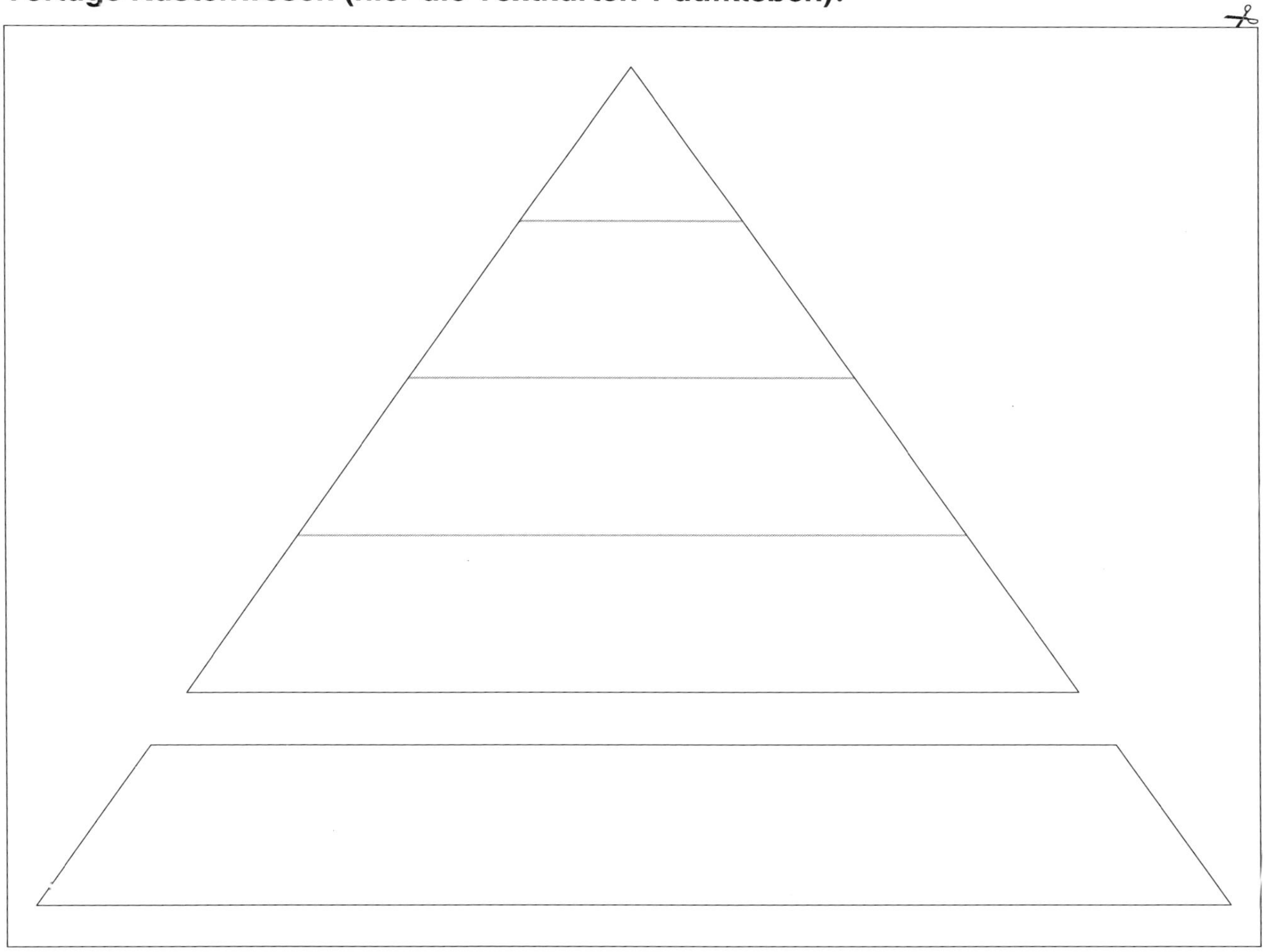

Vorlagen Textkarten 1:

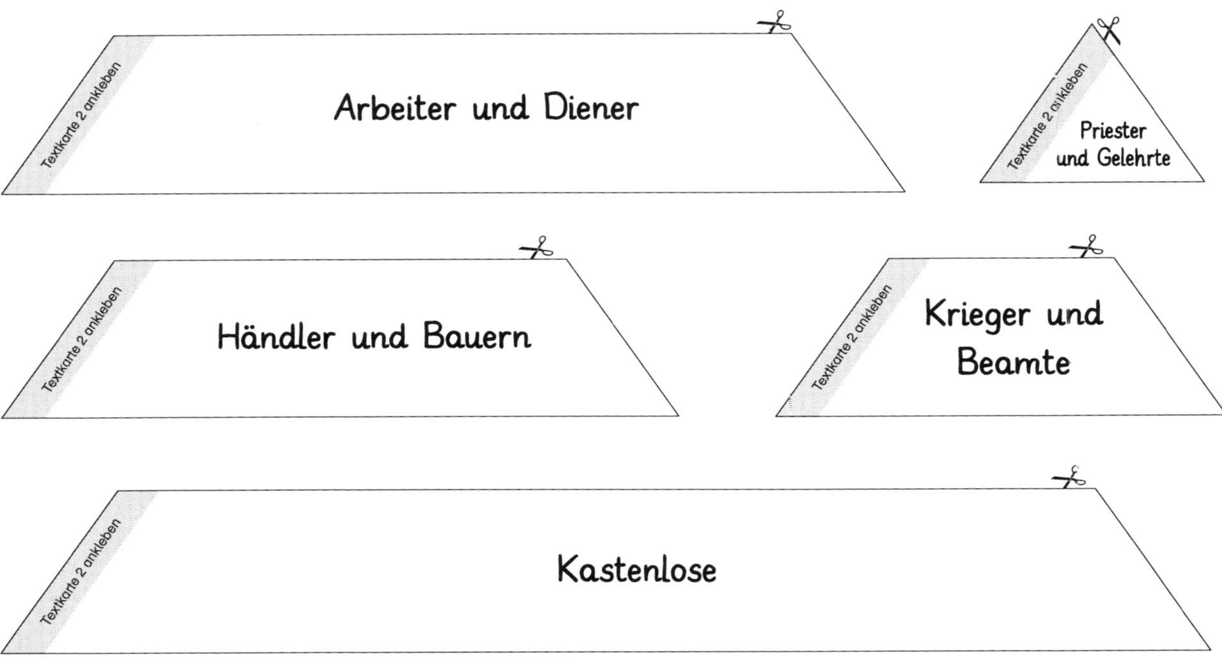

Vorlagen Textkarten 2 (auf Textkarte 1 kleben):

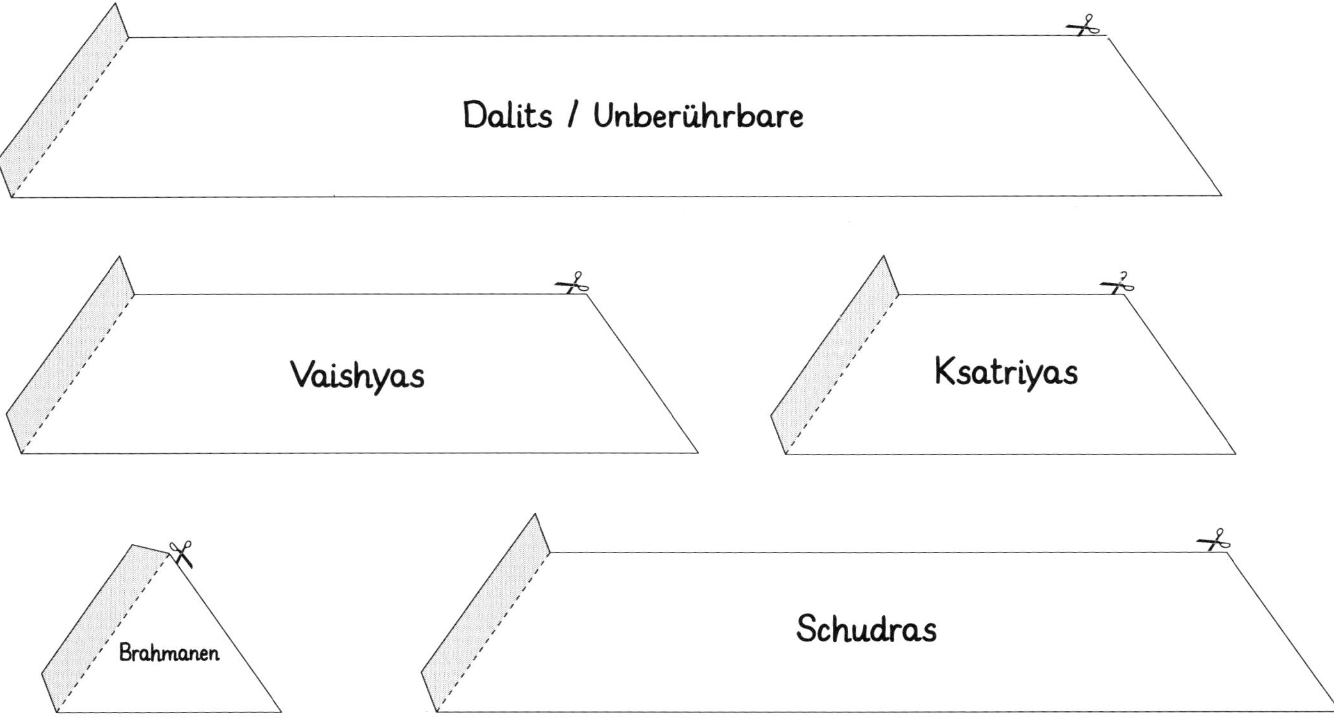

Das Karma

Die Hindus glauben daran, dass jede Tat Folgen hat. Auf eine gute Tat folgt eine Belohnung, auf eine schlechte Tat folgt eine Strafe. Das nennen sie Karma. Wer mehr Gutes tut, besitzt ein gutes **Karma**. Hindus glauben an die Wiedergeburt (das nennt man **Reinkarnation**). Sie glauben, dass wir eine Seele haben, die nach dem Tod weiterwandert, wenn der Körper gestorben ist. Das gute Karma wirkt sich positiv auf das nächste Leben aus. Wer hingegen nur Schlechtes tut, erlebt im nächsten Leben viel Leid, wie Krankheit oder Armut.

 **Lies den Text „Das Karma".**

 **Schneide die Briefumschläge aus.**

 **Falte und klebe sie.**
Klebe die Briefumschläge auf dein Lapbook.

 **Beschrifte einen Briefumschlag mit „Gute Taten" und einen Briefumschlag mit „Schlechte Taten".**
Was sind für dich gute Taten?
Was sind schlechte Taten?

 **Schreibe es auf kleine Kärtchen und stecke sie in die Briefumschläge.**

 **Schreibe die Überschrift „Das Karma" neben die Briefumschläge.**

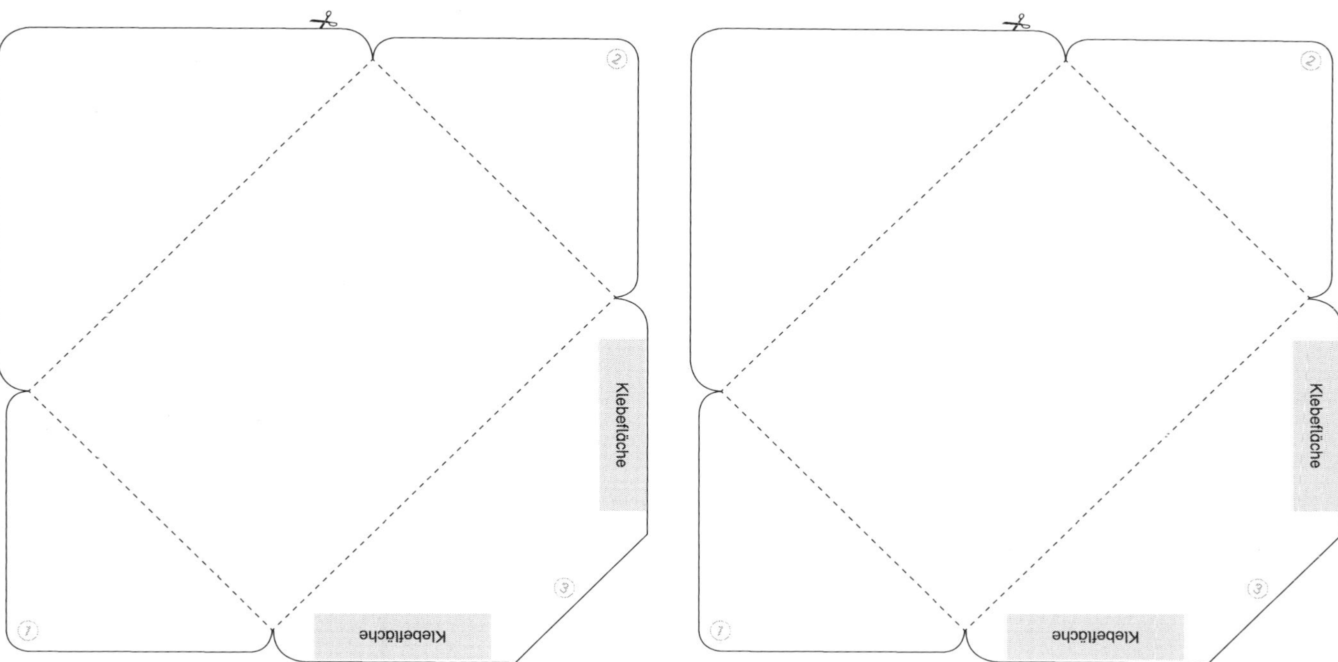

 **Lies die Lesekarte „Hinduistische Feste“.**

 **Schneide die Vorlage aus.**
Falte sie.
Falte dann die Vorlage wieder auseinander.

Wann finden die Feste statt?
Was wird bei den Festen gefeiert?
Schreibe es auf die Innenseite.

 **Falte die Form wieder zusammen und klebe sie auf dein Lapbook.**

Gestalte ein Deckblatt für jedes Fest.

Schreibe auch den Namen des Festes auf das Deckblatt.

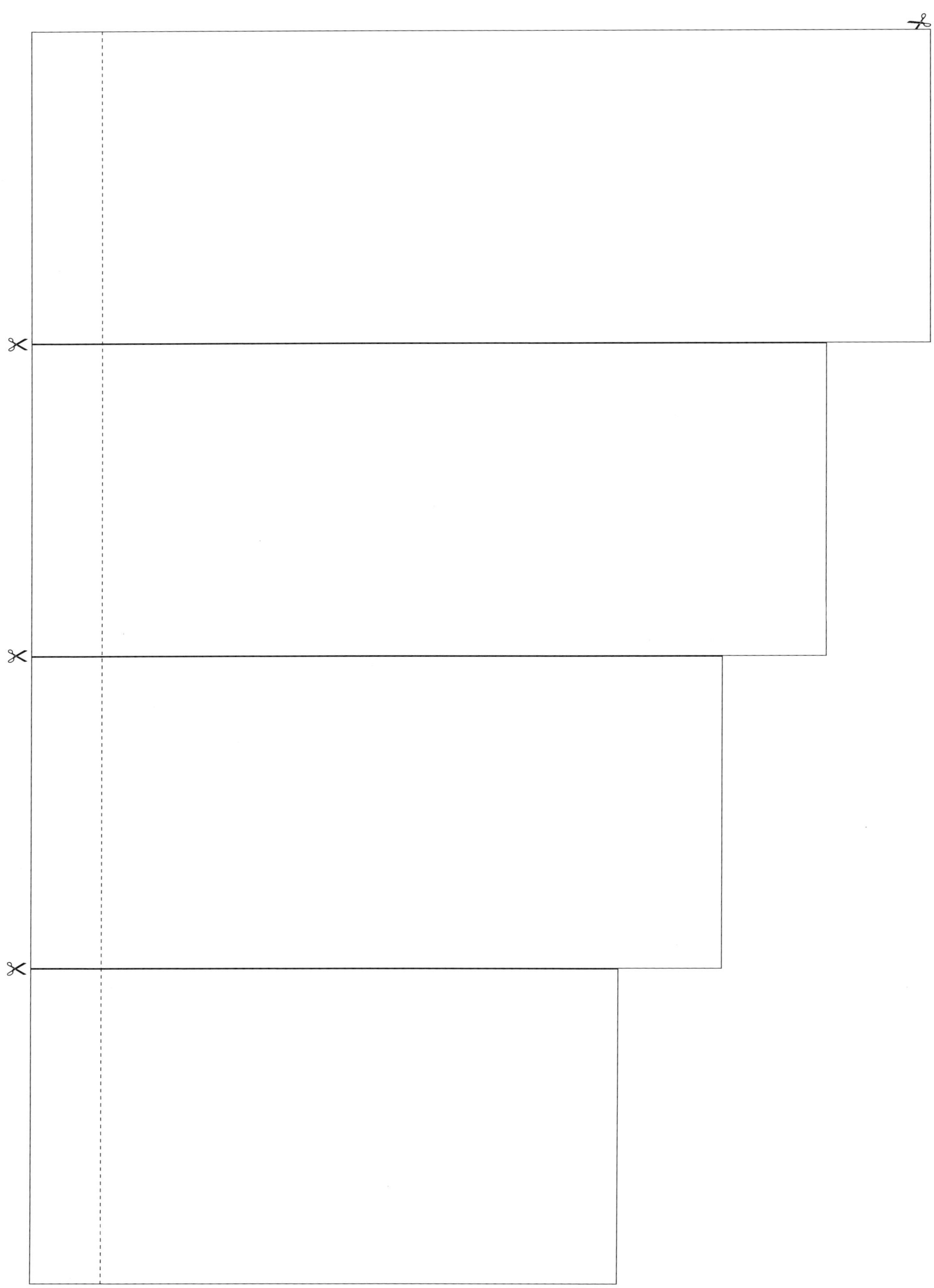

Name: ____________________ Klasse: __________ Datum: ______________

Wir erstellen ein Lapbook zu einem selbst gewählten Thema

	3 Punkte	2 Punkte	1 Punkt	0 Punkte
1. Inhalt				
Du kennst dich mit dem Thema gut aus.				
Du stellst die Sachverhalte richtig dar.				
Du verwendest Fachbegriffe.				
Die anderen Kinder lernen etwas durch dein Lapbook.				
2. Gestaltung				
Dein Lapbook macht neugierig.				
Du hast sauber geschnitten, geschrieben und geklebt.				
Dein Lapbook ist gut gegliedert.				
3. Präsentation				
Deine Präsentation ist anschaulich.				
Du hast laut und deutlich gesprochen.				
4. Sonstiges				
Du hast dich nicht ablenken lassen und konzentriert gearbeitet.				
Gesamtergebnis				

Male die erledigten Aufgaben an.

Male die erledigten Aufgaben an.

Male die erledigten Aufgaben an.

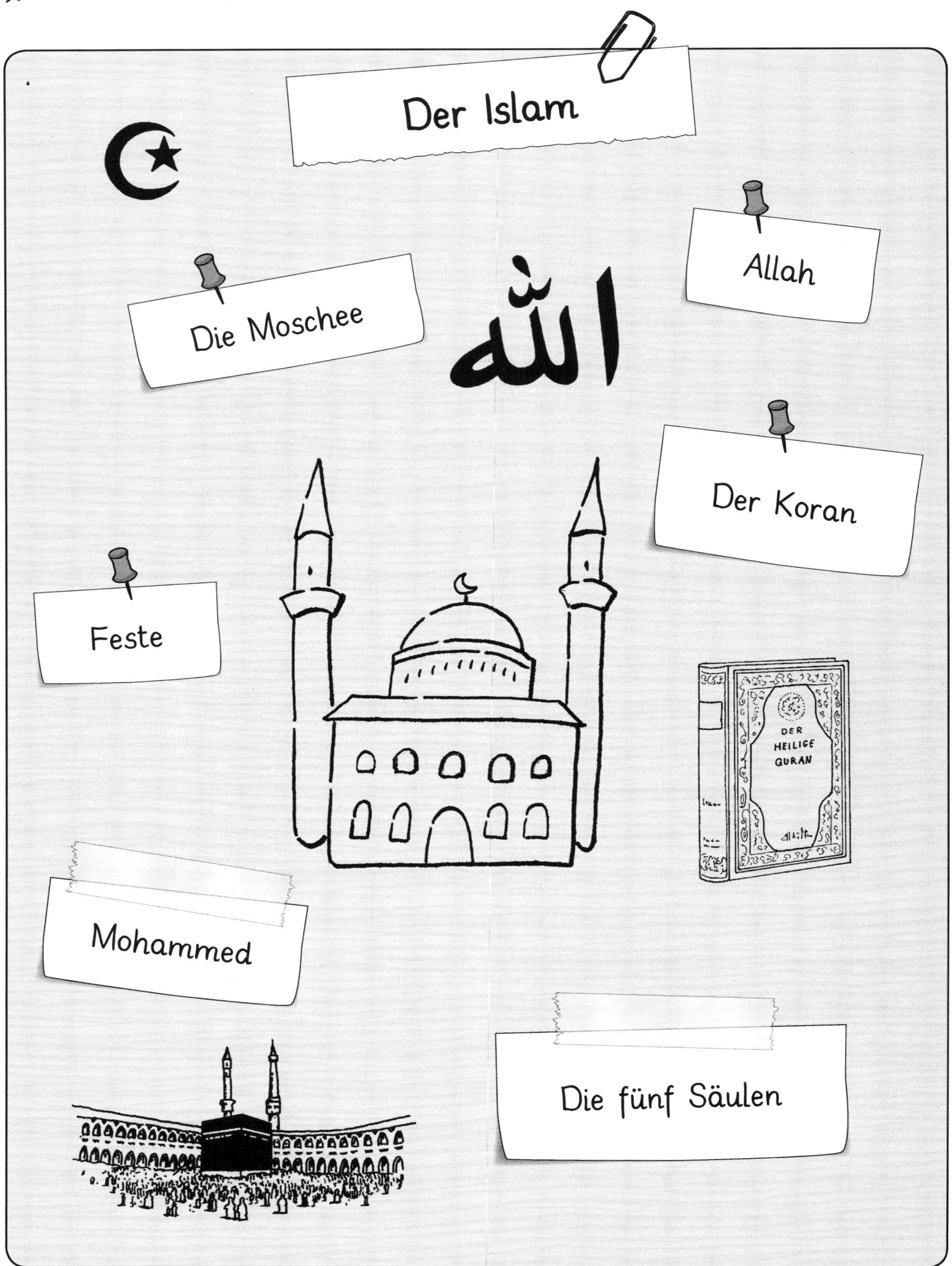

Male die erledigten Aufgaben an.

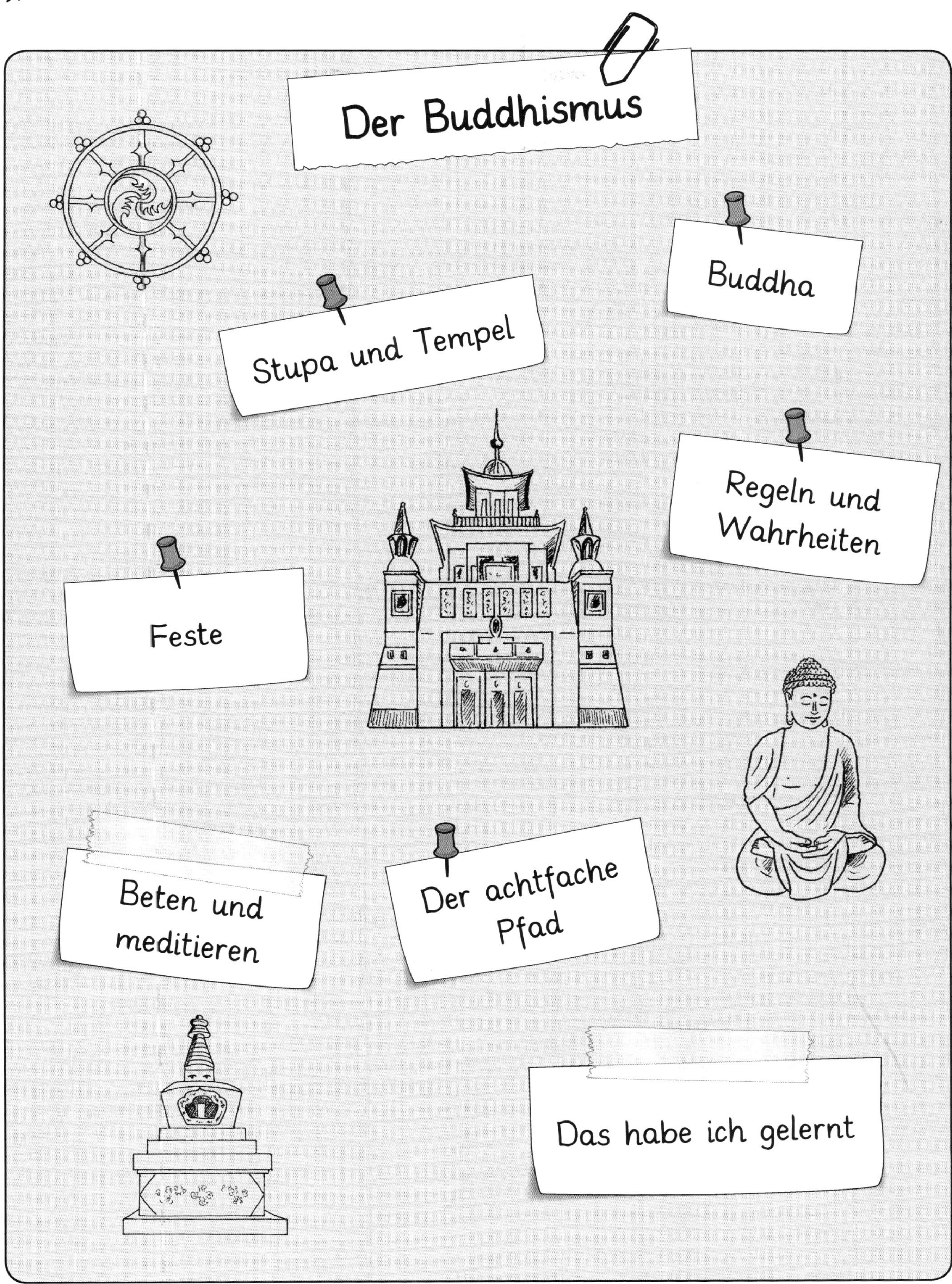

Male die erledigten Aufgaben an.

Male die erledigten Aufgaben an.

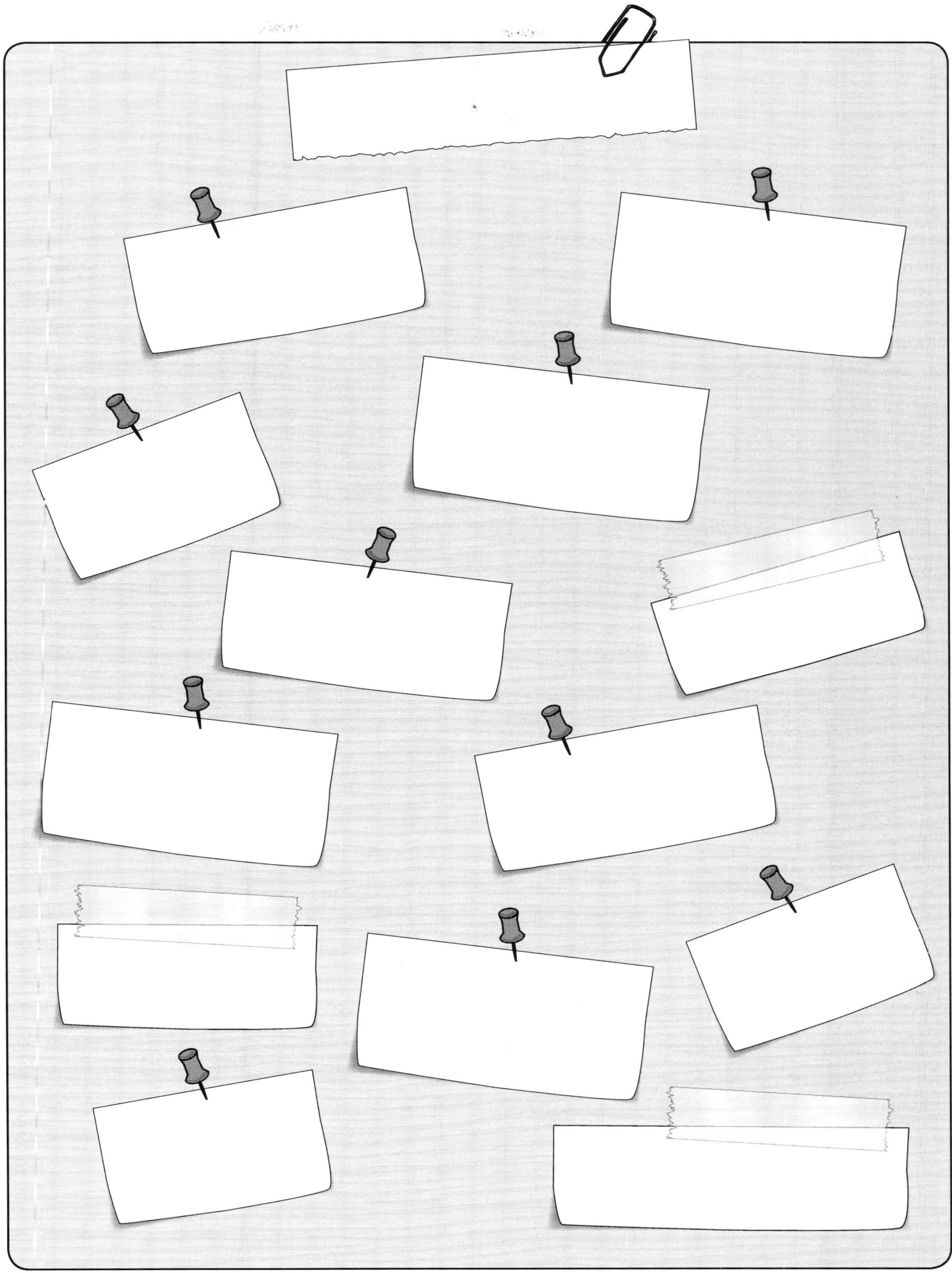